어린 과학자를 위한 피 이야기

어린 과학자를 위한 피 이야기

2013년 12월 15일 초판 발행
2022년 2월 10일 6쇄 발행

지은이 김영주 | **그린이** 벼리
펴낸이 김기옥 | **펴낸곳** 봄나무 | **아동 본부장** 박재성
편집 김인애 | **편집 디자인** 조희정
영업 김선주 | **지원** 고광현 임민진 김형식
등록 제313-2004-50호(2004년 2월 25일)
주소 121-839 서울시 마포구 양화로 11길 13(서교동, 강원빌딩 5층)
전화 (02) 325-6694 | **팩스** (02) 707-0198
이메일 inww57@hansmedia.com

도서주문 한즈미디어(주)
주소 121-839 서울시 마포구 양화로 11길 13(서교동, 강원빌딩 5층)
전화 (02) 325-6694 | **팩스** (02) 707-0918

ⓒ 김영주, 벼리 2013
ISBN 979-11-5613-001-7 73470

사진 자료 제공 p.62 National Heart, Lung and Blood Institute (NHLBI)

● 이 책 내용의 일부 또는 전부를 재사용하려면 반드시 저작권자와 봄나무 양측의 동의를 얻어야 합니다.
● 책값은 뒤표지에 나와 있습니다.

실수투성이 과학자들이 찾은 혈액의 비밀!

어린 과학자를 위한 피 이야기

김영주 글 | 벼리 그림

봄나무
Bomnamu Publishers, Inc.

과학이 재미있어지는 여행을 떠나요!

여러분 안녕?

여러분은 과학이 좋아요? 재미있어요? 밝은 얼굴로 "네, 아주 좋아요."라고 대답하는 사람도 있고 얼굴을 팍 찌푸리며 "싫어요. 정말 따분해요."라고 웅얼거리는 사람도 있겠지요? 괜찮아요. 나도 어릴 때는 과학을 아주 싫어했답니다. 거짓말 같다고요? 과학을 싫어했다면서 어떻게 박사가 됐냐고요?

초등학생 때는 과학이 정말 싫었어요. 재미있는 실험도 못 하고 교과서만 달달달 외워야 했으니 과학책만 봐도 하품이 저절로 나왔답니다. 저 일은 왜 일어났는지, 누가 어떻게 밝혀냈는지도 모르는 채 그저 외우기만 했으니 따분하기만 했지요.

그런데 어떻게 과학이 재미있어졌냐고요? 과학이 재미있어진 건 한 권의 책 덕분이었어요. 과학자들의 이야기가 담긴 책을 읽고 있었는데, 전화기의 아버지라고 불리는 벨보다 더 좋은 전화기를 먼저 발

명한 사람이 있었다는 거예요. 엘리샤 그레이는 벨보다 뛰어난 기술을 가지고 있었지만, 한 시간 늦게 특허를 신청하는 바람에 인정을 못 받았다지 뭐예요. 게다가 벨이 전화기를 발명한 1876년보다 16년이나 빠른 1860년에 전화기를 발명한 사람도 있었다는 거예요. 이탈리아의 발명가인 안토니오였는데, 이 사람은 어이없게도 서류를 몽땅 잃어버려서 특허 신청을 못 했다고 해요.

숨겨진 과학자의 이야기가 어찌나 재미있었는지 나는 과학자들의 이야기에 푹 빠져들었어요. 책 속에서 잠자고 있던 과학자들이 한 명씩 튀어나와서 자기 이야기를 해 주는데 어떻게 과학이 재미없을 수가 있겠어요. 교과서 속의 과학자들이 연구를 하다 코도 파고 화도 내고 서로 싸움도 했다고 생각하니 과학 교과서를 읽다가도 키득키득 웃음이 나왔어요. 그러다 과학이 정말 재미있어져서 자꾸만 공부하다 보니 어느새 과학자가 되었답니다.

과학자가 되고 나서도 나는 여전히 과학자들을 만나러 시간 여행을 떠나곤 해요. 과학은 끊임없이 발전하기 때문에 만나고 싶은 과학자들도 날마다 늘어나지요. 말이 나와서 말인데, 오늘은 피의 비밀을 푼 과학자들을 만나러 갈 참이에요. 우리 몸속 구석구석을 돌아다니는 피는 아주 중요하거든요. 피는 어디에서 만들어질까요? 피는 어떻게 우리 몸속을 돌아다닐 수 있는 걸까요? 발이 달린 것도 아닌데 말이죠. 그런데, 피는 왜 빨간색일까요? 피가 난 곳에 도톰한 딱지가 생기는 건 왜일까요? 피의 종류인 혈액형을 처음 발견한 사람은 누구죠? 사람마다 혈액형이 다른 이유는요? 조금만 생각해 보니 피에 대해 참 궁금한 게 많지요? 과학자들도 여러분과 똑같은 궁금증을 품었답니다. 그래서 그들은 피의 비밀을 풀어내려고 아주 많이 노력했어요. 피의 비밀을 먼저 찾아낸 과학자들이 어떤 노력을 했는지, 또 찾아낸 비밀 속에 어떤 이야기가 담겨 있을지 궁금하지 않나요?

오늘 만나 볼 여러 명의 과학자들은 모두 재미있는 사람들이랍니다. 잘난 체가 심한 사람도 있고, 괴짜 취급을 당하거나, 왕따를 당했던 과학자들도 있어요. 공부를 많이 하지 않았어도 그저 좋아서 열심히 하다 보니 굉장한 걸 알아낸 사람도 있지요.

어때요? 재미있을 것 같지요? 어설프고 실수투성이였던 과학자들의 이야기를 듣다 보면 피의 비밀은 저절로 알게 될 거예요. 여러분도 이 책을 읽고 나처럼 과학이 재미있어지면 좋겠어요. 혹시 알아요? 누군가는 과학자가 되는지. 그럼 이제 여행을 떠나 볼까요?

김 영 주

차례

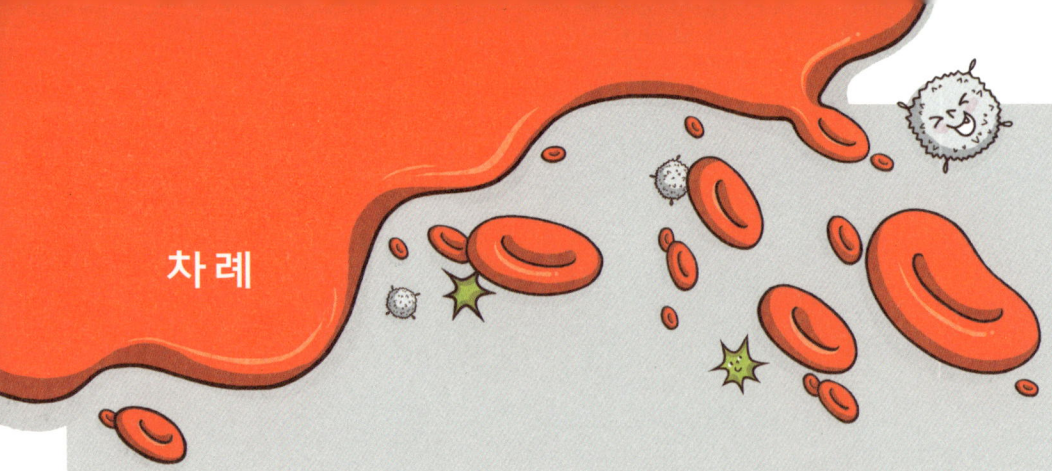

004 　글쓴이의 말

010 　보나보나 박사의 혈액 연구소

여행 첫째 날 쿵쾅쿵쾅 심장이 뛰어요

015 　검투장의 갈레노스, 동맥의 정체를 밝히다

031 　갈레노스의 스승들

041 　무덤을 헤매는 베살리우스, 갈레노스를 의심하다

055 　쿵쾅쿵쾅 두근두근 심장이 뛰어요

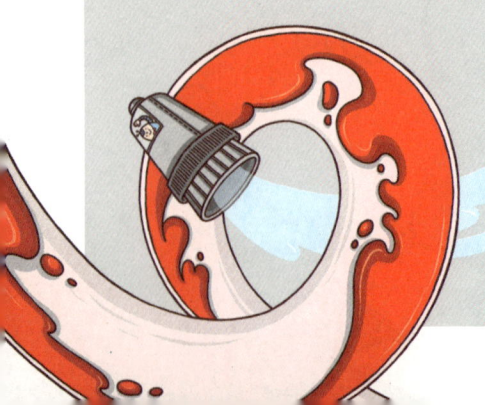

여행 둘째 날 빙글빙글 피가 돌아요

069 불길에 휩싸인 세르베투스

081 비밀이 밝혀지다, 피의 순환!

099 개구리에서 찾은 빛, 피의 순환을 완성하다

113 빙글빙글 휙휙 피가 돌아요

여행 셋째 날 와글와글 핏속에 뭐가 들었지?

125 빨간 공들이 둥둥 떠다녀요, 적혈구와 레벤후크

137 내 말이 맞다니까! 백혈구 때문에 싸우다

149 나는 다리 밑에서 주워 왔대요 혈액형이 달라!

165 와글와글 핏속에 뭐가 들었지?

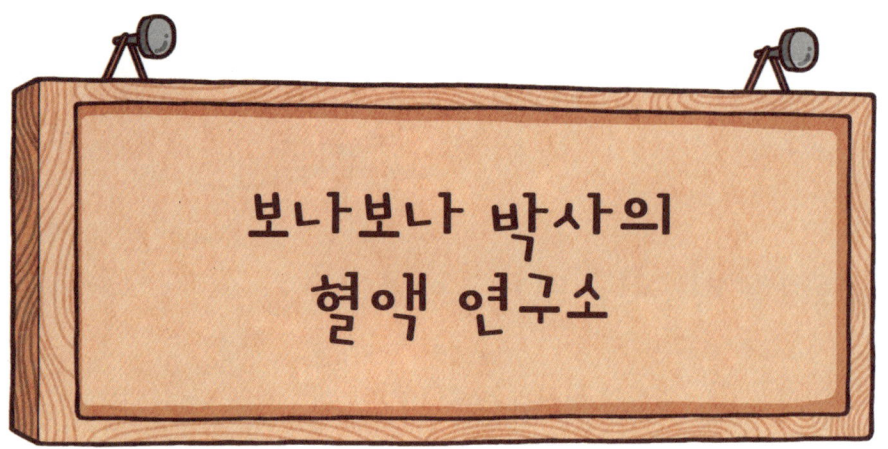

보나보나 박사의 혈액 연구소

어서들 와. 다들 보나보나 혈액 연구소는 처음이지? 여기가 뭐하는 곳이냐고? 여기는 우리 몸속을 흐르는 피를 공부하는 곳이야. 피가 몸속을 어떻게 도는지, 피는 어떤 모습을 하고 있는지, 핏속에는 뭐가 들어 있는지, 너희들처럼 호기심 많은 아이들에게 알려 주기도 하지.

어? 난 누구냐고? 아, 내 소개하는 걸 깜빡했네. 나는 보나보나 박사야. 우리 몸에 대해서 모르는 게 없지. 특히 피에 대해서는 척척 박사란다.

　우리 몸이 궁금하다고? 심장은 왜 뛰는지, 어떻게 생겼는지 알고 싶다고? 핏속에 어떤 비밀이 숨겨져 있는지 궁금해서 못 견디겠다고? 걱정 마. 이제부터 너희들의 궁금증을 시원하게 밝혀 줄 테니까. 친절하고 똑똑한 이 보나보나 박사와 함께 몸속 여행을 떠나 보자고. 준비물은 필요 없어. 하지만 마음의 준비는 단단히 하는 게 좋을 거야. 무슨 일이 일어날지 모르니까 말이야.
　자, 그럼 다들 준비 됐으면 나를 따라와!

쿵쾅쿵쾅 심장이 뛰어요

패스! 패스! 슛~ 골인! 우와! 골인이야. 신 난다! 우리 팀이 일 점 차이로 이겼어. 그런데 너무 열심히 뛰었나 봐. 심장이 벌떡벌떡 뛰네. 심장이 왜 뛰느냐고? 몸속에 피를 돌리느라 뛰지. 심장이 안 뛰면 숨도 쉴 수 없고 움직일 수도 없어. 심장이 뛰지 않으면 그 누구도 살 수가 없단다. 그런데, 이렇게 중요한 심장의 역할을 처음으로 알아낸 사람은 누굴까? 사람들은 어떻게 피와 심장의 비밀을 밝혀냈을까? 궁금하지? 이 보나보나 박사와 쿵쾅쿵쾅 심장의 비밀을 알아보러 시간 여행을 떠나 보자고.

클라우디오스 갈레노스(Claudios Galenos, 129~199)

고대 로마 시대의 의학자. 혈액이 심장에서 폐로, 폐에서 다시 심장으로 흐른다고 생각했다. 훗날 폐순환의 기초를 세웠고, 동맥에는 공기뿐만 아니라 피도 함께 흐른다는 것을 밝혀냈다. 그의 이론은 중세와 르네상스 시대를 걸쳐 약 1400년 동안 서양 의학에 큰 영향을 끼쳤다.

검투장의 갈레노스,
동맥의 정체를 밝히다

"선생님! 사람이 다쳤어요. 빨리요!"

사람들이 다친 검투사를 업고 왔어. 검투사는 부상이 심해 보였지.

"으아악~ 살려 줘요. 으악."

"어서 이리 눕혀요."

갈레노스는 서둘렀어. 검투사는 동맥을 찔려서 피를 철철 흘리고 있었어. 빨리 치료하지 않으면 검투사가 죽을지도 몰랐거든.

160년 즈음, 고대 로마 시대에는 사람들이 무기를 들고 싸우는 검투가 유행이었어. 검투장은 험한 곳이었지. 경기를 구경하는 사람들은 재밌을지 몰라도 칼이나 삼지창에 찔린 검투사들은 심하게 다치거나 심지어 죽기도 했어.

갈레노스는 얼굴을 찌푸렸어. 오늘만 해도 다친 검투사가 벌써 다섯 명째였거든. 갈레노스는 피를 닦아 내고 칼에 찔린 상처를 보았어.

'이상해. 아무리 생각해도 참 이상하단 말이야.'

갈레노스는 상처를 꿰매다 고개를 갸우뚱했어. 그도 그럴 것이 그때까지 동맥은 공기와 기운이 가득 차 있다고 알려져 있었거든. 그런데 검투사의 동맥에서 피가 흐르는 거야. 만약 동맥에 공기가 들어 있다면 찔렸다 해도 피가 흐르지 않을 텐데 말이야.

"내가 잘못 봤겠지. 유명한 의사들이 알아낸 사실인데 틀렸을 리가 없잖아."

하지만 자신의 착각이라고 하기엔 좀 이상했어. 이리 보고 저리 봐도 동맥에서 피가 줄줄 흘렀거든. 갈레노스는 검투사들을 치료하면서 사람의 몸을 잘 관찰하기로 결심했어.

"아이고, 갈레노스 선생. 선생의 의술이 참으로 뛰어나네. 선생이 오고 나서 단 한 명도 죽지 않았으니 말이야. 원하는 게 있으면 뭐든지 말해 보게. 내가 다 들어줄 테니."

검투장을 관리하는 높은 사람은 기분이 좋았어. 검투사들은 대부분 노예여서 많은 돈을 주고 사와야 했거든. 그러니 죽으면 손해가 이만저만 큰 게 아니었지. 그런데 실력 좋은 의사가 왔으니 좋을밖에. 갈레노스는 머뭇거리다 말을 꺼냈어.

"고맙습니다. 소원이랄 게 있겠습니까. 많은 검투사들을 치료하고 수술해서 한 명이라도 더 살릴 수 있으면 그것으로 됐습니다."

관리자는 크게 감명을 받았어. 실력도 뛰어난 데다 욕심도 없다니.

갈레노스는 덕분에 마음 놓고 사람의 몸을 연구할 수 있게 되었어. 그러던 어느 날, 가슴을 심하게 다친 검투사가 실려 왔어.

"선생님, 어떻게 할까요?"

조수가 환자를 눕히며 물었어.

"우선 적포도주로 상처를 잘 닦아 내게."

갈레노스는 닦인 상처를 들여다보았어. 상처가 어찌나 심했는지

동맥 | 혈관에는 동맥과 정맥이 있단다. 도대체 그게 뭘까? 어려울 것 같지만 아주 간단해. 동맥은 심장에서 나온 피를 온몸으로 내보내는 혈관이야. 그리스 사람들은 동맥에 공기만 가득 차 있다고 생각했어. 그래서 이름을 공기 대롱(artery)이라고 지었단다.

갈비뼈 아래에 있는 심장까지 보일 지경이었지.

"헉! 선생님, 상처가 너무 끔찍해요."

조수가 설레발을 치자, 갈레노스는 조수를 점잖게 나무랐어.

"조용히 하게. 가서 수술 도구를 잘 닦아 오게나."

조수가 수술 도구를 가지러 간 사이, 갈레노스는 심장을 찬찬히 살폈어. 검투사의 심장은 약하지만 쿵쿵 뛰고 있었어. 심장이 쿵쿵 뛸 때마다 피가 흘러나왔지. 갈레노스는 몸을 도는 피가 심장과 관련 있다고 믿게 되었어. 그때까지만 해도 사람들은 심장이 사람의 감정이나 성격을 조절한다고 생각했어. 심장이 뇌의 역할을 한다고 생각한 거야.

갈레노스는 사람의 몸을 더욱 자세히 관찰했어. 관리자가 눈감아 주어서 죽은 검투사의 몸도 살펴볼 수 있었지.

로마 시대의 의사들은 사람의 몸을 해부하지 못했어. 시체에 손을 대는 것은 죽은 사람을 모욕하는 것이라 생각했거든. 의사들은 사람 대신 동물을 해부해야 했지. 하지만 동물의 장기로 사람의 장기를 짐작했기 때문에 당연히 잘못 알려진 게 많았어. 갈레노스가 정말로 사람을 해부해 봤을까? 글쎄? 그건 확실하지 않아. 다만 갈레노스가 여러 가지 사실들을 새롭게 알아냈기 때문에 검투장에서 해부를 해 보았을 거라고 미루어 짐작하는 거지. 확실한 것은 갈레노스가 죽은 검투사의 상처를 본 것만으로도 새로운 사실을 많이 알아냈다는 거야.

여행 첫째 날 | 쿵쾅쿵쾅 심장이 뛰어요

"오! 대단해. 와서 이것 좀 보게나."

죽은 검투사를 보던 갈레노스가 조수를 불렀어.

"뭐가요? 선생님?"

갈레노스는 무척 기뻤어. 심장과 혈관들이 어떻게 연결되어 있는지 알게 됐거든.

"좀 보게. 여기 원숭이에서 봤던 것처럼 사람의 심장도 방이 두 개로군. 보게나. 혈관이 심장의 오른쪽 방에서 나와 폐로 가고 있어. 그런데 그다음에는 어디로 가는 걸까?"

갈레노스는 더욱더 열심히 연구를 했어. 그런데 벌집처럼 생긴 폐는 혈액이 흐르기에는 너무 약해 보였어. 갈레노스는 학교에서 보았던 동물들의 폐를 떠올렸어. 동물을 관찰했을 때, 심장에서 폐에 피를 조금 보낸다고 생각했던 것을 떠올렸지.

"그래, 심장의 생김새가 비슷하니 사람의 심장도 동물처럼 폐에 혈액을 조금 보낼 거야. 폐는 스펀지처럼 생겼으니까 혈액이 그냥 흐르

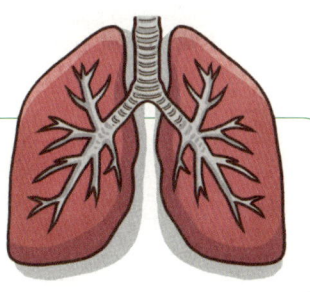

폐 | 사람을 비롯한 육지에 사는 동물의 몸속에서 숨을 쉬게 해 주는 기관이란다. 산소를 들이마시고 이산화탄소를 내보내지. 다른 말로는 허파라고도 해.

지 않고 거품처럼 바뀌겠지. 혈액이 폐에 영양분을 주는 거야. 그래야 폐가 공기를 빨아들일 수 있지."

갈레노스는 학교에서 배웠던 것과 검투장에서 관찰한 것을 잘 엮어서 새로운 생각을 해 냈어. 갈레노스는 폐에서 온 공기와 기운이 심장에서 피와 섞이고, 섞인 피가 온몸으로 흐른다고 생각했어. 자신만만한 갈레노스는 자신의 생각이 틀릴 거라는 생각은 눈곱만치도 하지 않았어. 사실, 피가 심장에서 폐로, 폐에서 다시 심장으로 흐른다는 발견은 대단한 것이었어. 훗날 밝혀지는 폐순환의 기초를 세운 셈이지.

하지만 갈레노스는 심장이 펌프처럼 피를 뿜어내서 온몸에 흐르게 한다는 것을 깨닫지 못했어. 단지 심장을 피가 온몸으로 흐르기 위한 출발 장소라고 생각했지.

갈레노스는 검투장에서 일한 지 4년이 지나자 검투장에서 더는 배울 게 없다고 느꼈어.

"이제 검투장을 떠나서 더 넓은 곳으로 가야겠어. 로마로 떠나는 거야. 거기서 더 훌륭한 의사가 되자."

폐순환 | 피가 심장에서 폐로 가 산소를 얻고, 다시 심장으로 돌아오는 것을 말해. 소순환이라고도 부른단다.

갈레노스는 검투장에서 나와 로마로 떠났어. 검투사들은 많이 아쉬워했어. 갈레노스만큼 실력 있는 의사를 다시 만나기는 어려웠거든. 하지만 누구도 갈레노스를 붙잡을 수 없었어. 갈레노스는 희망에 차서 로마로 떠났어.

로마의 거리는 사람들로 북적였어.

"로마! 얼마나 와 보고 싶었는지. 이 로마에서 가장 유명한 의사가 되고 말 테다."

갈레노스는 주먹을 꼭 쥐었어. 로마에는 실력 있는 의사가 많았지만 검투장에서 열심히 연구한 갈레노스는 자신감이 흘러넘쳤어. 그리고 갈레노스의 소원은 오래지 않아 이루어졌지. 그동안 열심히 공부했던 것이 헛되지 않았는지 로마 집정관의 아내를 병에서 낫게 한 거야.

"갈레노스, 자네가 내 아내를 살렸네. 내 자네의 연구를 위해서라면 얼마든지 돈을 대 주지."

"고맙습니다. 저는 피가 몸에서 어떻게 움직이는지 연구하고 싶습니다. 도와주십시오."

집정관은 흔쾌히 허락했어. 그리고 동물들과 연구할 장소를 마련해 주었지. 로마에서 황제 다음으로 높은 집정관의 허락을 받았으니 갈레노스의 연구를 막을 사람은 아무도 없었어. 갈레노스는 열심히 연구를 했어.

그러던 어느 날, 갈레노스를 따르던 조수가 정색을 하고 물었어.

"선생님, 심장과 피는 무슨 관계가 있는 걸까요?"

갈레노스는 그동안 연구했던 것을 사람들에게 알릴 때가 되었다고 생각했어. 갈레노스는 조수에게 말했어.

"이보게. 내 자세히 설명해 줄 테니 돼지 한 마리를 준비해 오게."

갈레노스가 피의 흐름에 대해 실험을 한다는 소문은 널리 퍼져 나갔고, 사람들은 너무나 궁금해했지. 갈레노스의 실험을 지켜보려고 사람들이 구름처럼 모여들었어.

갈레노스는 천천히 강당에 들어섰어. 커다란 강당이 로마 사람들로 가득 찼지. 횃불이 강당 안을 대낮처럼 환히 밝혔어. 넓은 실험대 위에는 돼지 한 마리가 꽁꽁 묶인 채 꽥꽥 울어 대고 있었어. 갈레노스는 돼지의 동맥을 양 옆에서 묶었어. 그러자 동맥이 점점 둥글게 부풀어 올랐어.

"잘 보시오!"

갈레노스가 뾰족한 칼끝으로 동맥을 찌르자, 동맥에서 피가 뿜어져 나왔어.

"보십시오. 동맥에는 공기만 있는 것이 아닙니다. 동맥에도 피가 차 있습니다. 다만 동맥의 피는 기운과 공기가 섞여 있습니다."

사람들은 너무나 놀랐어. 그때까지 동맥에는 공기만 차 있다고 알

 여행 첫째 날 | 쿵쾅쿵쾅 심장이 뛰어요

려져 있었거든.

"대단해! 갈레노스는 천재가 분명해! 어떻게 저런 사실을 알게 된 거지?"

사람들은 갈레노스의 강의에 귀를 기울였어. 갈레노스는 사람들이 알아듣기 쉽게 천천히 피의 흐름을 설명했어.

"피는 어떻게 만들어질까요? 피는 우리가 먹은 음식을 재료로 해서 만들어집니다. 간에서 음식을 피로 바꿉니다. 그런 다음 피가 간에서 심장으로 갑니다."

모두가 숨을 죽였어. 또 어떤 이야기가 나올지 무척 궁금했지. 갈레노스는 물을 한 모금 마셨어. 긴장해서 입이 바짝바짝 말랐거든.

"자, 그럼 심장은 어떻게 생겼을까요? 심장은 오른쪽 방과 왼쪽 방 두 개로 되어 있습니다. 방의 중간에는 판막이 있어서 피가 한 방향으로 흐르게 해 줍니다."

갈레노스는 평판에 심장의 그림을 그려 사람들에게 보여 주었어. 심장의 생김새는 고대 이집트 때부터 알려진 것이라 새로울 게 없었지. 사람들은 새로 알아낸 사실에 대해 말해 달라고 아우성을 쳤어.

> **판막** | 심장이나 혈관 속에서 피가 거꾸로 흐르는 것을 막아 주는 막이란다.

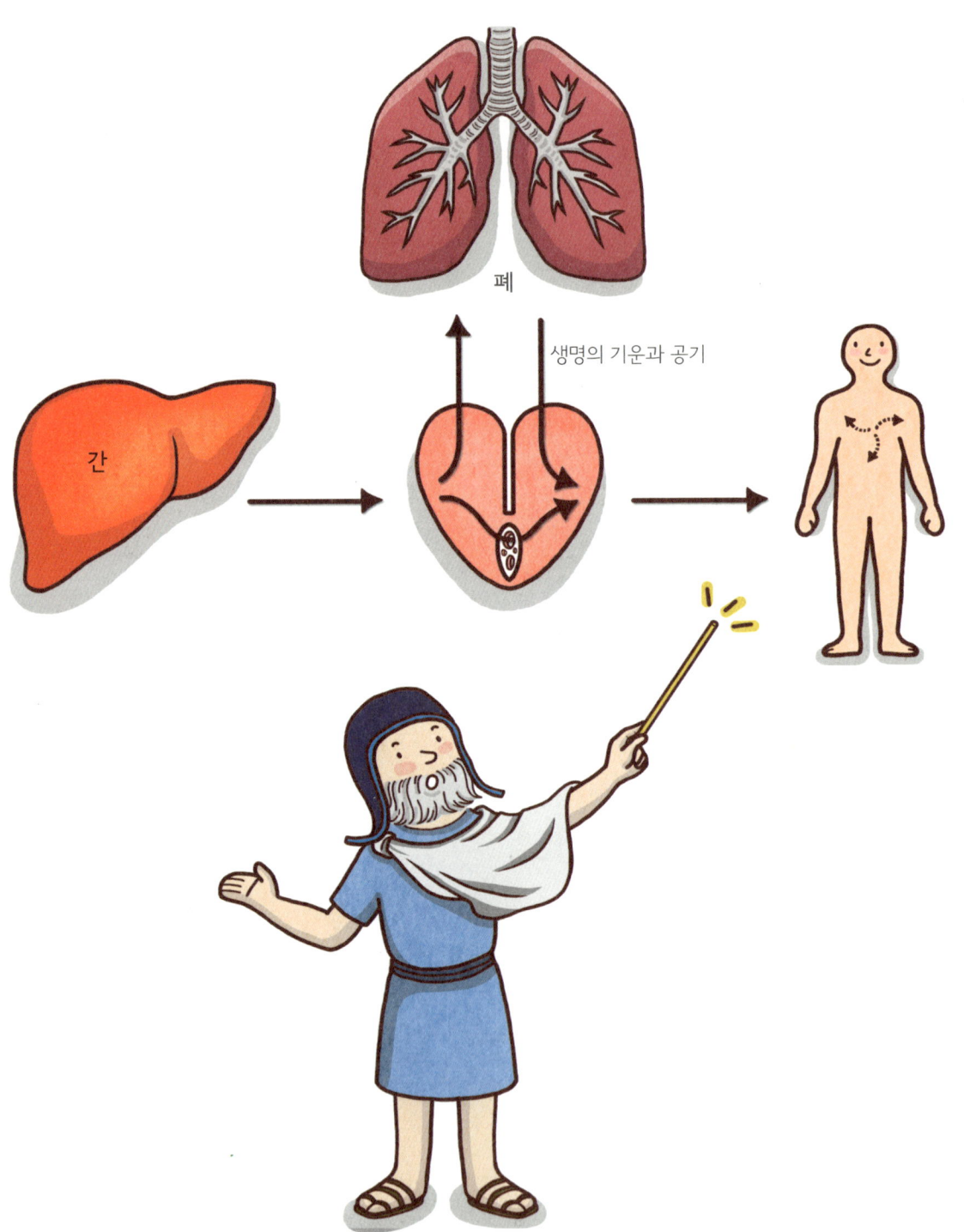

"우선 간에서 온 피는 오른쪽 방으로 들어갑니다. 심장의 오른쪽 방에서 피는 어디로 향할까요?"

사람들은 눈만 말똥말똥 뜬 채 아무 대답을 못 했어. 갈레노스는 씩 웃으며 강의를 계속했어.

"오른쪽 방의 피는 폐로 흐르는 피와 왼쪽 방으로 흐르는 피로 나뉩니다. 폐로 들어간 피는 이를테면 폐가 먹는 밥이 되는 셈이죠. 밥을 먹은 폐는 힘을 내서 공기와 기운을 들이마시지요. 이렇게 폐로 들어온 공기와 기운은 심장 왼쪽 방으로 들어간답니다."

한 젊은이가 벌떡 일어났어. 젊은이는 큰 소리로 외쳤어.

"선생님. 이해가 안 되는군요. 피가 어떻게 심장의 오른쪽 방에서 왼쪽 방으로 흐른다는 말입니까? 거기 혈관이라도 있습니까?"

갈레노스는 기다렸다는 듯이 젊은이의 질문을 반겼어.

"아주 좋은 질문이군요. 아닙니다. 혈관은 없습니다."

갈레노스는 심장 그림을 가리켰어. 사람들은 심장 그림을 뚫어져라 쳐다보았지. 그런데 갈레노스가 심장의 오른쪽 방과 왼쪽 방 사이에 작은 구멍을 여러 개 그리는 게 아니겠어.

"답은 바로 이것입니다. 심장의 방 사이에 있는 심

장벽에는 구멍이 여러 개 나 있습니다. 이 구멍으로 피가 오른쪽 방에서 왼쪽 방으로 흐르는 겁니다."

사람들은 고개를 끄덕이며 감탄했어. 아주 기발한 생각이었거든. 갈레노스는 사람들의 반응에 신이 나 이야기를 계속했어.

"왼쪽 방으로 들어간 피는 뜨겁게 데워집니다. 하지만 폐에서 온 생명의 기운과 공기가 섞여 적당히 식는 것이지요. 그런 다음 온몸으로 피가 흘러나가게 되는 것입니다."

옆에서 열심히 강의를 듣고 있던 조수가 질문을 했어. 질문을 해서 자기 선생님을 곤란하게 하기는 싫었지만 궁금해서 견딜 수가 없었지.

"선생님, 그런데 온몸으로 흘러간 피는 어떻게 됩니까?"

갈레노스는 혀를 쯧쯧 찼어.

"자네, 내 옆에서 그리 오래 공부를 했건만 아직도 그 간단한 걸 모른단 말인가? 온몸으로 흘러간 피는 장기들의 영양분으로 쓰여 사라지는 거지."

조수는 쭈뼛거리며 조그맣게 웅얼거렸어.

"그…… 그럼, 피를 다 쓰면 어떻게 해요? 피가 떨어지면 살 수가 없잖습니까?"

갈레노스는 한숨을 푹 쉬었어. 저렇게 머리가 나쁜 사람을 조수로 쓰고 있었다니 화가 났지.

여행 첫째 날 | 쿵쾅쿵쾅 심장이 뛰어요

"이 사람아, 그걸 질문이라고 하나! 사람들이 음식을 계속 먹으니 당연히 간에서 피가 계속 만들어지는 게지. 쯧쯧쯧."

갈레노스는 화가 나서 얼굴이 붉어졌어. 하지만 강의를 들은 사람들은 깊은 감명을 받았어. 이제까지 사람의 몸속을 도는 피의 흐름을 이렇게 잘 설명한 사람이 없었거든. 사람들은 환호성을 지르며 박수를 쳤어.

"갈레노스 선생은 로마에서 제일가는 의사야!"

"갈레노스 선생에게 치료를 받으면 어려운 병도 금방 낫는다네."

사람들은 갈레노스에게 진료를 받으려고 몰려들었어. 갈레노스의 이름은 점점 널리 퍼져 나갔고, 높은 사람들까지 갈레노스에게 진료를 받고 싶어 했지. 그뿐 아니라 마침내 갈레노스는 황제의 주치의가 되었어. 갈레노스가 바라던 대로 가장 유명한 의사가 된 거야.

하지만 갈레노스를 유명하게 만들었던 발견 가운데 심장벽의 구멍은 잘못된 거란다. 심장의 벽에는 구멍이 없어. 피는 온몸을 돌고 심장으로 돌아와서 폐로 흘러가. 폐로 들어간 피는 폐에서 산소를 얻게 되지. 그런 다음 다시 심장의 왼쪽 방으로 돌아갔다가 몸으

로 나가는 거야.

만약 갈레노스의 생각대로 심장벽에 구멍이 있다면 심장은 피를 제대로 뿜어낼 수 없을 거야. 그런 사람들은 몸에 피가 잘 돌지 못해서 뛰지도 못하고 숨도 잘 쉴 수 없지. 심장병을 앓게 되는 거야.

갈레노스는 황제의 주치의가 되어서도 연구를 계속했어. 갈레노스가 죽었을 때 남긴 책은 자그마치 120권이 넘었지.

사람들은 갈레노스가 죽고 나서도 아주 오랫동안 갈레노스의 생각이 옳다고 믿었단다. 심지어는 갈레노스가 잘못 생각한 것들도 옳다고 믿었어. 이를테면 피가 몸 안에서 다 쓰이면 사라진다든가, 간에서 피를 만든다든가, 심장이 그저 피가 다른 곳으로 가기 전에 거쳐 가는 곳이라든가 하는 생각 말이야. 하지만 이런 잘못을 바로잡기까지 무려 1400년이 넘게 걸렸어. 왜 이렇게 시간이 오래 걸렸을까?

이유는 많아. 갈레노스가 유명했고 남긴 책도 많았다고 했지? 그 말은 갈레노스의 제자들이 아주 많았다는 뜻이기도 해. 그들은 스승에게 배운 것이 틀렸다고 함부로 이야기할 수 없었어. 게다가 그때는 종교의 힘이 아주 셌어. 그래서 사람의 몸을 해부하는 건 죄라고 생각했단다. 사람의 몸을 제대로 들여다볼 수 없으니 더 이상 의학이 발달할 수 없었던 거야.

여행 첫째 날 | 쿵쾅쿵쾅 심장이 뛰어요

갈레노스는 이런저런 이유로 1400년이 지나 베살리우스가 나타나기 전까지 의학의 신처럼 떠받들어졌어. 하지만 틀린 것이 있다고 갈레노스의 연구가 모두 헛된 것일까?

그렇지는 않아. 갈레노스는 동맥에 피가 흐른다는 것과 폐와 심장을 잇는 피의 흐름에 대해서는 비교적 정확하게 알아냈단다. 그 발견은 훗날 온몸을 흐르는 피의 순환을 밝히는 데 기초가 되었지. 또 갈레노스가 잘못 생각한 것들은 다른 의학자들의 호기심을 불러일으켜서 보다 정확한 사실을 알아내려는 욕구에 자극이 되었어. 훌륭한 발견은 하루아침에 이루어지는 게 아니니까.

갈레노스의 이야기 재미있었니? 그런데 갈레노스는 어떻게 그 많은 생각을 해 냈을까? 전부 혼자 생각해 낸 것일까?

그렇진 않아. 갈레노스는 의사가 되기 위해 알렉산드리아에 갔었어. 알렉산드리아에는 무세이온이라는 곳이 있었지. 무세이온은 이집트의 왕 프톨레마이오스 2세가 만든 학교였는데, 도서관, 동물원, 해부실, 실험실 등 없는 게 없었지. 갈레노스는 그곳에서 고대 과학자들의 연구를 읽고 열심히 공부했단다. 그때 공부했던 것들이 갈레노스의 연구에 큰 도움을 주었어. 그럼 이번엔 갈레노스에게 도움을 준 과학자들을 만나 보러 갈까?

엠페도클레스
(Empedocles, BC 490~BC 430)

고대 그리스의 철학자이자 생리학자. '물, 불, 공기, 흙이 모든 물질의 기본이며, 모든 물질은 네 가지 원소로 이루어져 있다'는 4원소설을 주장했다. 4원소설은 1803년 돌턴의 원자설이 나오기 전까지 약 2000년 동안 서양의 물질관으로 자리 잡았다.

아리스토텔레스
(Aristoteles, BC 384~BC 322)

고대 그리스의 철학자이자 정치가. 서양 철학에 가장 큰 영향을 미친 사상가로, 엠페도클레스의 4원소설을 '4원소 가변설'로 바꾸었다. 4원소 가변설이란 물, 불, 공기, 흙의 네 가지 원소와 물질의 성질인 건, 습, 온, 냉이 섞여서 모든 물질이 만들어진다는 것이다.

히포크라테스
(Hippocrates, BC 460~ BC 377)

고대 그리스의 의학자. 서양 의학의 선구자로, 엠페도클레스의 4원소설을 바탕으로 4체액설을 주장하였다. 히포크라테스는 사람은 혈액·점액·황담즙·흑담즙의 네 가지 액체로 되어 있으며 네 가지 액체의 조화가 깨졌을 때 병이 생긴다고 생각했다.

갈레노스의 스승들

"어이! 오랜만이야."

아리스토텔레스가 밝게 인사했어. 아리스토텔레스는 하늘나라로 올라오는 갈레노스를 마중 나가는 길이었어. 그런데 우연히 엠페도클레스를 만난거야. 코가 뾰족한 엠페도클레스가 시큰둥하게 고개를 까딱했어.

"아리스토텔레스, 자네가 여기 웬일인가?"

"드디어 갈레노스가 하늘나라에 온다더군. 내 이론을 훌륭하게 이어 줬으니 인사를 하고 싶어서 왔다네."

아리스토텔레스의 말에 엠페도클레스가 고개를 바짝 들며 물었어.

"자네 이론? 뭐 말인가?"

아리스토텔레스가 자랑스럽게 말했어.

"뭐기는. 자연의 모든 성질을 차가운 것, 습한 것, 뜨거운 것, 건조한 것으로 나눈 것 말이지."

그러자 엠페도클레스의 얼굴이 붉어졌어. 엠페도클레스는 버럭 소리를 질렀어.

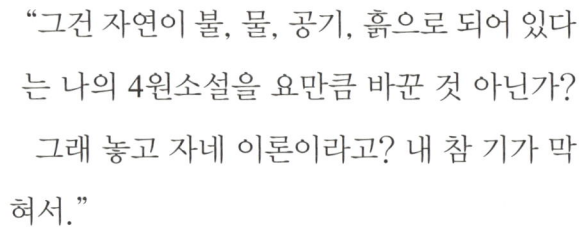

"그건 자연이 불, 물, 공기, 흙으로 되어 있다는 나의 4원소설을 요만큼 바꾼 것 아닌가? 그래 놓고 자네 이론이라고? 내 참 기가 막혀서."

"뭐라고! 그게 무슨 소린가! 이건 엄연히 내 이론일세."

두 사람은 갈레노스를 맞으러 나온 것도 잊은 채 티격태격 싸우기 시작했어.

"두 사람 또 싸우고 있어요?"

히포크라테스가 재빨리 끼어들었어. 히포크라테스도 갈레노스를 만나러 나온 참이었지. 엠페도클레스와 아리스토텔레스는 다툼을 멈추었어. 아리스토텔레스가 큼큼 기침을 하며 말했어.

"아, 엠페도클레스가 내 이론을 무시하잖아."

"무슨 소리야. 나는 사실을 말한 거라고!"

또다시 둘의 목소리가 커지자 히포크라테스가 뜯어말렸어.

 여행 첫째 날 | 쿵쾅쿵쾅 심장이 뛰어요

"두 사람도 참. 당연한 걸 가지고 싸우네요. 엠페도클레스가 정리한 생각을 아리스토텔레스가 발전시킨 거잖아요."

두 사람이 뻘쭘하게 서 있자 히포크라테스가 말을 이었어.

"제가 이야기했던 4체액설도 4원소설에서 따온 거고요."

아리스토텔레스가 누그러진 목소리로 말했어.

"아! 그 4체액설 말이군! 갈레노스도 4체액설을 기반으로 사람의 건강을 살폈다지?"

"네."

히포크라테스는 히죽 웃었어. 히포크라테스는 의학의 아버지라 불리는 아주 유명한 고대 로마 시대의 의사야. 요즘도 의사가 될 때 히포크라테스 선서를 읊는단다.

히포크라테스가 말하는 4체액설은 뭐냐고? 그건 자연이 네 가지 원소로 되어 있는 것처럼 사람도 네 가지 체액으로 되어 있다는 거야. 몸속에 있는 액체를 체액이라고 해. 엠페도클레스의 생각을 이은 것이지. 이처럼 한 사람의 훌륭한 생각을 다른 사람이 받아들이고 발전시키는 것은 참 중요한 일이란다. 그런 방법으로 사람들은 여러 가지를 깨닫게 된 거지.

히포크라테스 덕분에 두 사람은 싸움을 멈추었어. 그러고는 자기들이 여기에 온 이유를 떠올렸지.

"아! 맞아. 갈레노스를 마중 나왔지?"

세 사람은 사이좋게 갈레노스를 기다리기로 했어. 갈레노스는 세 사람의 생각을 잘 모아서 의학을 발전시킨 사람이었어. 그래서 세 사람에게 아주 소중한 제자였지.

"기다리기도 지루한데, 자네의 4체액설에 대해 이야기 좀 해 주게."

엠페도클레스가 말했어. 히포크라테스는 고개를 끄덕였어.

"네, 그러죠 뭐. 4체액설이란 사람의 체액이 피, 노란 담즙, 검은 담즙, 그리고 점액으로 이루어져 있다는 이론이에요. 피는 심장에서 나오고 뜨거운 성질의 체액이에요. 노란 담즙은 간에서 나오고 성질이 건조해요. 검은 담즙은 위에서 나오는데 차가운 성질이고, 뇌에서 나오는 점액은 축축한 성질을 가졌답니다. 사람이 건강하려면 이 네 가지 체액의 균형이 잘 맞아야 하지요."

두 사람은 히포크라테스의 설명에 고개를 끄덕였어. 히포크라테스는 4체액설을 믿어 의심치 않았지. 갈레노스도 마찬가지였어.

세 사람이 오순도순 이야기를 나누고 있는데 저 멀리서 호리호리한 사내의 모습이 보였어. 바로 갈레노스였어.

"여보게! 갈레노스! 여기야!"

세 사람은 갈레노스를 반갑게 맞았어. 갈레노스는 어리둥절했지.

"어? 누구신지?"

갈레노스가 태어나기 전의 사람들이니 알아볼 리가 없었지. 세 사람은 돌아가며 자신을 소개했어. 그제야 갈레노스는 허리를 숙여 꾸벅 인사를 했어. 갈레노스의 마음은 마구 벅차올랐어. 평생 스승으로 여기던 사람들을 직접 보게 되니 정말 기뻤지.

"스승님들께서 저를 마중 나와 주시다니……. 열심히 산 보람이 있군요."

아리스토텔레스가 갈레노스의 어깨를 토닥였어.

"자네가 기뻐하니 우리도 기분이 좋군. 우리는 자네가 우리의 생각을 잘 이어 주어서 기쁘다네. 지금 막 4체액설에 대해 이야기하던 참이네만."

갈레노스의 얼굴이 밝아졌어.

"4체액설이오? 참 훌륭한 이론이지요. 제가 살아 있을 때 한 검투사가 저를 찾아왔었습니다. 그런데 열이 펄펄 끓지 뭡니까. 저는 뜨거운 성질의 피가 너무 많아져서 열이 난다는 걸 한 번에 알아차렸지요."

히포크라테스가 눈을 반짝이며 물었어.

"그래서 어떻게 했는가?"

"어떻게 하기는요. 당연히 체액의 균형을 맞추기 위해 피를 뺐지요. 사혈법 말입니다. 환자는 곧 열이 내리고 씩씩해져서 경기에 나갔답니다."

갈레노스는 신이 나서 자랑을 늘어놓았어. 나머지 세 사람도 고개를 끄덕였지. 갈레노스는 잠시 걸음을 멈추고 한 사람 한 사람 둘러보았어. 평생 동안 연구해 온 것들이 떠올랐지.

"제게는 세 분 말고도 스승님들이 더 계십니다. 그분들도 만나 뵐

> **사혈법** | 몸에 상처를 내서 피를 뽑는 치료법이야. 고대 로마 시대에서 중세까지 유행했었지. 피를 뽑으면 핏속의 나쁜 것이 함께 빠져나가 병이 낫는다고 믿었단다. 때때로 피를 너무 많이 뽑아 사람이 죽기도 했대.

여행 첫째 날 | 쿵쾅쿵쾅 심장이 뛰어요

수 있을까요?"

갈레노스의 말에 세 사람은 고개를 끄덕였어. 갈레노스는 밝게 웃었어.

"그래요? 어서 가요. 어서요."

갈레노스는 스승들을 재촉했어. 네 사람은 행복하게 웃으며 천천히 하늘나라로 걸어 들어갔어.

4체액설은 갈레노스의 생각과 함께 사람들에게 아주 오랫동안 사실로 여겨졌어. 정말 재미난 게 하나 더 있는데 알려 줄까? 사람들은 17세기까지 피에 영혼과 세 가지나 되는 기운이 녹아 있다고 믿었단다. 이 생각은 아리스토텔레스 때부터 시작되었고, 물론 갈레노스도 철석같이 믿었지.

화를 잘 내는 사람이 있다고 해 보자. 사람들은 그 사람을 손가락질하면서 이렇게 말하는 거야.

"어이구. 노란 담즙이 너무 많고만. 차가운 물을 마시거나 건조한 열을 식혀 주는 차를 마시게나."

중세가 지나고 17세기가 되어서야 사람의 성격과 체액들은 아무 상관이 없다는 게 알려졌어. 스승들이라더니 죄다 틀린 것만 가르쳤다고? 음. 그렇게 생각할 수도 있겠구나. 하지만 우리가 잊지 말아야 할

게 있어. 과학은 단번에 밝혀지는 게 아니야. 계속되는 실수와 실수를 바로잡으려는 사람들의 노력으로 발전하는 거란다. 비록 갈레노스의 스승들과 갈레노스는 틀린 생각을 했지만, 그 생각들은 과학이 발전하는 밑거름이 되었단다.

갈레노스는 스승이 아리스토텔레스와 엠페도클레스, 히포크라테스 말고 더 있다고 했지? 누굴까? 그 사람들은 에라시스트라토스와 헤로필로스야. 이름이 참 길기도 하지? 에라시스트라토스는 공기가 폐에서 심장으로 들어가 피와 섞인다는 것을 알아냈지. 헤로필로스는 동맥과 정맥이 있다는 걸 알아냈고, 두 혈관 모두 피를 운반한다는 것을 알아냈단다.

가만있자, 그러고 보니 갈레노스는 심장과 피의 관계를 혼자 알아낸 게 아니네? 맞아. 갈레노스가 아무리 열심히 연구를 했어도 두 명의 스승이 알아낸 것이 없었다면 별 소용이 없었을 거야. 엄청 대단한 사람인 줄 알았는데 실망했다고? 아직 실망하기는 일러. 갈레노스가 스승들의 이론에만 의지한 채 꾸준히 연구하지 않았다면 어떻게 되었

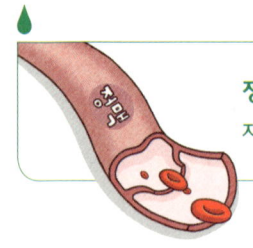

정맥 | 심장으로 들어가는 피가 흐르는 혈관을 말해. 피가 거꾸로 흐르지 않게 판막이 있단다.

을까? 심장과 폐의 순환에 대해서 생각해 내지 못했을 거야. 동맥에 피가 흐른다는 것도 사람들에게 알리지 못했을 테고. 이렇듯 과학은 한 사람의 힘만으로 발전하는 것이 아니야. 작은 것이라도 여러 사람들의 노력한 결실이 모여 과학을 발전시킨 거란다.

갈레노스가 죽고 오랜 시간이 흘렀어. 12세기가 되고, 유럽에는 많은 대학이 생겨났지. 하지만 학교에서는 여전히 갈레노스의 책으로 가르쳤어. 교회까지 나서서 갈레노스의 연구를 칭찬했지. 모두 갈레노스의 말을 굳게 믿었어. 시나브로 갈레노스의 연구에 의심을 품는 과학자들이 생기긴 했지만, 대부분의 사람들은 여전히 새로운 사실을 받아들이려 하지 않았대. 하기야 1400년 동안이나 믿어 오던 걸 어떻게 하루아침에 버릴 수 있었겠니. 실제로 갈레노스에 이의를 제기하는 많은 과학자들이 미친 사람이라고 욕을 먹었어.

하지만 포기하지 않고 꿋꿋하게 사실을 밝히려 한 사람이 있었단다. 그 용감한 사람이 누구인지 궁금하다고? 아이고~ 좀 쉬었다 가면 안 될까? 이 보나보나 박사님은 나이가 들어서 힘이 드는데……. 안 된다고? 빨리 가자고? 그래그래. 알았다. 어서 만나 보러 가면 되잖아. 끙!

안드레아스 베살리우스(Andreas Vesalius, 1514~1564)

벨기에의 해부학자이자 외과 의사. 사람을 해부 관찰하여 심장과 심장 주위 혈관들의 모습을 정확하게 알아냈다. 그동안 중세 의학의 가장 강력한 뿌리였던 갈레노스의 생각에 의심을 품고 연구를 계속하여 훗날 혈관과 심장의 역할을 밝혀내는 데 기틀을 마련했다.

무덤을 헤매는 베살리우스, 갈레노스를 의심하다

"에잇! 저리 가!"

"재수 없게 시리! 저리 가!"

아이들 두어 명이 한 아이에게 돌멩이를 집어던졌어. 개울가에 앉아 있던 아이는 고개를 푹 숙였어. 그 아이는 무엇인가를 꼭 껴안은 채 몸을 웅크리고 있었어. 놀리던 아이들이 제 풀에 지쳐 우르르 몰려가자, 아이는 그제야 고개를 들고 일어났어. 집으로 향하는 아이의 손에는 작은 유리병이 들려 있었어.

"아이고, 이게 무슨 일이라니 안드레아. 다치지는 않았어?"

아이는 걱정하는 어머니에게 고개를 저어 보이고는 방으로 뛰어들어갔어. 아이가 가지고 온 유리병에는 개구리가 들어 있었어. 아이는 기절한 개구리를 조심스럽게 꺼내고는 해부를 시작했어.

공포 영화의 한 장면 같다고? 무슨 아이가 어릴 때부터 해부를 하냐고? 이 아이의 이름은 바로 안드레아스 베살리우스야. 베살리우스는 훗날 해부학의 아버지로 불리지. 될성부른 나무는 떡잎부터 알아본다고 하더니, 베살리우스는 어릴 때부터 남다른 아이였어.

"무얼 하고 있니?"

베살리우스의 아버지가 다정하게 물었어. 베살리우스는 해부하던 개구리를 아버지에게 보여 주었어.

"개구리를 보고 있었어요, 아버지."

베살리우스의 아버지는 베살리우스의 머리를 쓱 쓰다듬으며 물었어.

"그 장기가 무엇인지 말해 보겠니?"

"이거요? 이건 위예요."

베살리우스는 아버지에게 거침없이 개구리의 장기에 대해 설명했어. 베살리우스의 아버지는 아들을 자랑스러운 눈으로 바라보고는 방을 나갔지. 문밖에서 두 사람을 보고 있던 베살리우스의 어머니가 걱

해부학 | 사람이나 동물을 해부해서 몸 안의 모습을 연구하는 학문이야.

여행 첫째 날 | 쿵쾅쿵쾅 심장이 뛰어요

정스럽게 말했어.

"여보, 나는 베살리우스가 다른 아이처럼 밖에서 친구들과 어울렸으면 좋겠어요. 하루 종일 방 안에 틀어박혀 동물만 해부하다니……."

베살리우스의 아버지가 아내를 다독였어.

"너무 걱정 말아요. 우리 아들은 남다른 아이요. 그런 아이가 어떻게 보통 아이와 똑같을 수가 있겠소. 두고 보시오. 베살리우스는 아주 훌륭한 의사가 될 테니까."

"그렇겠죠? 맞아요. 우리 아들은 훌륭한 사람이 될 거예요."

베살리우스의 부모님은 서로 손을 꼭 잡았어.

베살리우스의 아버지는 벨기에 브뤼셀 황실의 약제사였어. 그래서였을까? 아니면 아들의 재주를 믿어서였을까? 베살리우스의 부모님

은 어릴 때부터 동물을 해부하며 노는 베살리우스를 혼내지 않았지. 다른 부모님들 같으면 동물의 장기를 가지고 노는 아들을 혼냈을 만도 한데 말이야. 그 덕분에 베살리우스는 어려서부터 동물의 장기에 대해 모르는 게 없었어.

"아버지, 저는 의학 공부를 더 해 보고 싶어요."

베살리우스의 아버지는 이제 막 열일곱 살이 된 아들을 보았어. 아들을 떠나보내는 것이 섭섭했지만 아들을 잘 아는 베살리우스의 아버지는 마음을 다잡았어.

"그래. 그럴 때가 됐지. 파리의 대학에 가서 공부를 해 보는 건 어떻겠니?"

"정말요? 허락해 주시는 거예요? 아버지, 정말 고맙습니다."

베살리우스는 뛸 듯이 기뻤어. 베살리우스의 아버지는 기뻐하는 아들을 꼭 껴안았어.

파리에 도착한 베살리우스는 짐을 내려놓자마자 학교로 갔어. 도서관에는 인체에 대한 책이 가득했지.

"우와, 책이 이렇게 많다니. 신 난다! 여기라면 사람의 몸에 대해 궁금했던 것들을 다 알 수 있을 거야!"

베살리우스는 열심히 공부했어. 어려서부터 동물을 해부했던 데다

 여행 첫째 날 | 쿵쾅쿵쾅 심장이 뛰어요

동물에 대한 책도 많이 읽었기 때문에 아무도 베살리우스를 따라올 수 없었어. 베살리우스는 아주 우수한 학생이었어. 하지만 베살리우스는 점점 학교에 흥미를 잃어 갔어. 대학의 선생님들이 하나같이 갈레노스의 지식만을 가르쳤기 때문이야.

"선생님, 정말로 동물만 가지고도 사람의 몸을 다 알 수 있는 겁니까? 다르지 않을까요? 갈레노스도 틀릴 수 있지 않을까요?"

선생님들은 베살리우스의 질문에 벌컥 화를 냈어.

"그게 무슨 건방진 질문인가? 아직 학생인 주제에 감히 갈레노스를 모욕하다니!

학교에는 베살리우스를 나쁘게 보는 사람들이 하나둘씩 늘어났어. 어릴 때처럼 따돌림을 당하게 된 거야. 하지만 베살리우스는 포기하지 않았어.

"뭔가 이상해. 봐! 갈레노스의 책에 나온 인체는 내가 보았던 동물과 똑같잖아. 동물을 해부한 것으로 사람의 몸속을 짐작한 게 아닐까? 사람을 해부해 보았다 해도 일부만 본 게 분명해."

베살리우스는 사람의 몸속을 알기 위해서는 사람을 해부해야 한다고 생각했어. 하지만 시체를 구할 수가 없었지. 그때까지도 죽은 사람을 해부하는 것은 금지되어 있었거든.

"어떻게 시체를 구한다지?"

베살리우스는 답답한 마음을 달래려 한밤중에 산책을 나갔어. 해부를 할 시체를 구하는 데 온통 정신이 팔려 어디로 향하는지도 몰랐단다. 그러다 문득 정신을 차려 보니 공동묘지 앞이었어.

"엇! 공동묘지잖아. 언제 여기까지 온 거지?"

베살리우스는 진저리를 치며 발길을 돌렸어. 그때 툭, 무언가가 베살리우스의 발에 차였어.

"어라? 이게 뭐지?"

베살리우스는 허리를 구부려 발에 걸린 하얗고 긴 물체를 집어 들었어. 그것은 다름 아닌 사람의 뼈였어!

"으악! 이게 뭐야!"

 여행 첫째 날 | 쿵쾅쿵쾅 심장이 뛰어요

놀란 베살리우스는 뼈를 뚝 떨어뜨렸어. 베살리우스는 겨우 마음을 가라앉히고 주위를 둘러봤어. 공동묘지 여기저기에 하얗고 긴 사람 뼈들이 널브러져 있었지. 그때 파리에서는 무덤을 아주 얕게 팠는데, 그 때문에 무덤에서 튀어나온 뼈들이 많았던 거야.

"으악!"

베살리우스는 벌벌 떨면서 공동묘지를 빠져나왔어. 집으로 돌아와 벌컥벌컥 물을 들이마시자, 무서움이 조금 가라앉았어. 그때 베살리우스의 머리에 기발한 생각이 떠올랐어.

"앗! 그렇지! 뼈를 공부하면 되겠구나!"

베살리우스는 커다란 자루를 들고 공동묘지로 달려갔어. 사람 뼈를 직접 볼 수 있다는 생각에 무서움도 다 날아가 버렸지. 베살리우스는 정신없이 뼈를 주워 담아 집으로 돌아왔어.

"이 뼈는 어디 뼈지? 아! 다리구나. 이건…… 팔이야."

베살리우스는 주워 온 뼈와 해부학 책을 살펴보다 고개를 갸우뚱했어. 책에 나온 뼈의 그림과 주워 온 뼈의 생김새가 많이 달랐거든.

"역시 내 생각이 맞았어. 책만으로는 부족해. 사람을 직접 봐야 해."

베살리우스는 밤마다 공동묘지를 헤매고 다녔어. 베살리우스의 이런 모습은 주위 사람들의 눈에 너무도 이상해 보였지. 사람들은 수군대며 베살리우스를 멀리 했어.

"자네 그 얘기 들었나? 베살리우스가 아예 미쳤다는군."

"그렇다네. 묘지를 돌아다닌다지? 뭔가를 늘 중얼대면서 말이야."

베살리우스는 괴로웠지만 지지 않고 연구에 몰두했어. 마침내 공부를 끝마친 베살리우스는 벨기에로 돌아와 교수가 되었어. 베살리우스는 교수가 되어서도 연구를 계속했어.

"아, 답답하다. 사람의 몸을 마음껏 관찰할 수 없다니. 이래서야 언제 인체의 비밀을 풀 수 있겠어."

베살리우스는 고민 끝에 이탈리아의 파도바대학으로 자리를 옮겼어. 이탈리아에서는 사람을 해부할 수 있었거든. 베살리우스는 파도바대학에서 열심히 연구했어. 그래서 1543년 《인체의 구조에 관해서》

라는 책을 펴냈단다. 베살리우스는 학생들에게 자신이 힘들게 알아낸 것을 알려 주었어.

"자, 보게. 내가 사람을 해부해 보니, 여기 갈레노스가 이야기했던 것과 다른 점이 참 많았다네."

학생들은 화들짝 놀랐어.

"네! 어디가 다르다는 말씀이신가요?"

"심장 말일세. 갈레노스는 심장벽에 구멍이 있다고 했지? 하지만 아무리 둘러봐도 사람의 심장벽에는 구멍이 없었다네."

"우와~ 그 말씀이 정말이에요?"

"그렇다네. 그뿐만이 아니야. 폐에서 심장으로 공기와 기운을 나르는 혈관 말일세."

"네. 그게 어쨌는데요?"

"갈레노스의 말대로라면 텅 비어 있어야 하지 않은가? 한데 그 혈관에도 피가 꽉 차 있더란 말일세."

학생들은 당황해서 웅성거리기 시작했어. 갈레노스가 틀렸다니 믿을 수 없었지. 하지만 베살리우스처럼 실력 있는 선생님이 헛소리를 할 리는 없었어.

"이상한 건 또 있네. 심장에서 폐로 가는 혈관 말이야. 그 혈관도 좀 이상해. 누가 갈레노스가 말했던 그 혈관에 대해 얘기해 보겠나?"

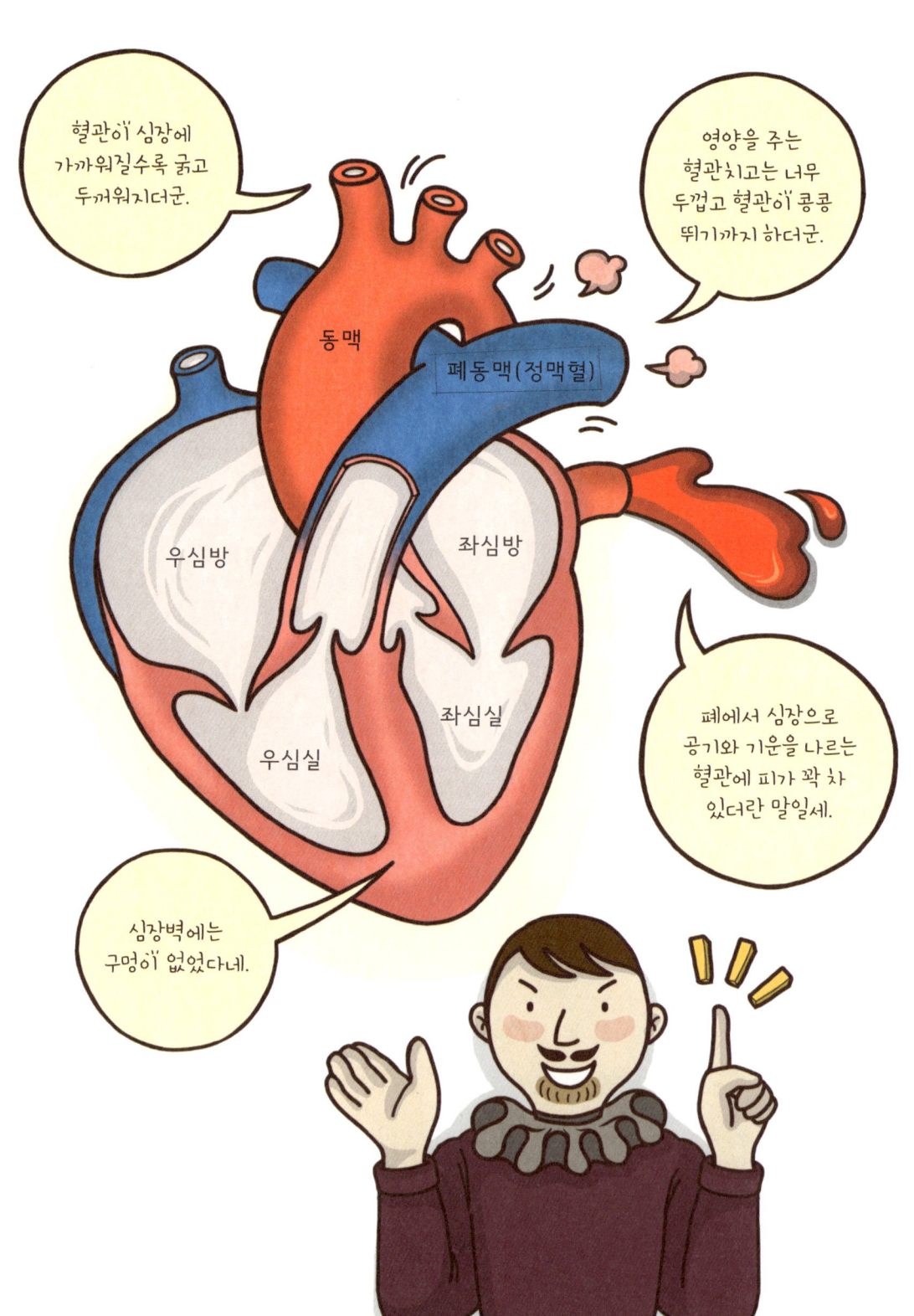

한 학생이 손을 번쩍 들고 이야기를 했어.

"심장에서 폐로 가는 혈관에는 폐에 영양을 주기 위한 피가 흐른다고 말했습니다."

베살리우스가 고개를 끄덕였어.

"그래, 잘 알고 있군. 그런데 말이야. 갈레노스의 말대로 영양을 주는 혈관치고는 너무 두껍더라는 거야. 게다가 혈관이 콩콩 뛰기까지 하더군."

학생들은 고개를 갸우뚱했어. 베살리우스의 말이 너무 어려웠거든. 베살리우스는 웃으며 천천히 설명하기 시작했어.

"그리고 하나 더 있네. 혈관이 심장에 가까워질수록 굵고 두꺼워지더군. 간에서 나오는 혈관과는 비교할 수 없게 두꺼웠어."

"그게 무슨 말씀이신지요? 무슨 뜻이 있을까요?"

베살리우스는 한참 동안 뜸을 들이다가 입을 열었어.

"내 생각에는 말일세. 피가 간에서 만들어져 심장으로 가는 게 아니지 않을까 하는 생각이 든다네. 만약 간에서 피가 만들어진다면 간에서 나오는 혈관이 좀 더 두껍고 굵어야 하지 않겠는가?"

학생들은 모두 고개를 끄덕였어. 갈레노스가 틀렸다는 사실을 받아들이기는 힘들었지만 베살리우스의 설명이 과학적이라는 생각이 들었으니까. 하지만 젊은 학생들과는 달리 많은 의사들은 베살리우스를 믿지 않았어.

"말도 안 되는 소리를 하다니! 갈레노스가 틀렸다는 건 믿을 수 없어!"

교회도 베살리우스를 욕하기 시작했어. 베살리우스가 그린 해부도에는 영혼이 깃들 자리가 없다는 거였어. 베살리우스가 살았던 16세기에는 종교의 힘이 무척 셌어. 교리에 어긋나는 과학적인 발견들은 미움을 받고 버려졌지. 베살리우스도 마찬가지였어.

"베살리우스는 이탈리아를 떠나라!"

"사기꾼 베살리우스는 대학을 떠나라!"

"베살리우스는 하느님의 이름을 더럽혔소. 종교재판대에 올립시다!"

베살리우스는 너무 괴로웠어. 목숨이 위험하기까지 했단다.

"왜 나를 안 믿어 주는 걸까? 왜!"

결국 베살리우스는 도망치듯 파도바대학을 떠날 수밖에 없었어. 하지만 베살리우스의 연구는 헛되지 않았단다. 젊은 의학자들은 베살리우스의 연구를 믿었고, 베살리우스가 가르쳤던 제자들은 베살리우스의 연구를 바탕으로 혈관과 심장의 역할을 하나하나 밝혀 나갔어.

베살리우스는 심장과 주위 혈관들의 모습을 놀랍도록 정확하게 알아냈지만, 물론 알아내지 못한 것도 있어. 베살리우스는 갈레노스와 마찬가지로 심장의 역할은 깨닫지 못했어. 또한, 사람의 몸이 어떻게 생겼는지에 너무 집착해서일까? 생김새는 알아냈지만 각 장기들이 어떻게 움직이는지는 거의 알아내지 못했단다.

    하지만 베살리우스는 정말 대단한 사람이었어. 만약 베살리우스가 미친 사람이라는 말에 연구를 그만두었다면 어떻게 됐을까? 다른 의사들처럼 갈레노스의 말만 믿었다면 어떻게 됐을까? 그랬다면 아직까지도 심장벽에 구멍이 있다고 생각했을지 몰라. 괴짜였고 한 가지밖에 몰랐던 베살리우스 덕분에 우리는 심장과 그 주변이 정확히 어떻게 생겼는지 알게 된 거야.

쿵쾅쿵쾅 두근두근 심장이 뛰어요

아리스토텔레스부터 베살리우스까지, 과학자들이 어떻게 심장의 생김새를 알게 됐는지 이제 좀 알 것 같니? 오늘은 심장의 생김새가 어떻게 밝혀졌는지 알아보는 여행이었어. 심장 모양이 정확하게 밝혀지는 데 2000년 정도 걸렸으니까, 오늘 우리는 2000년이나 되는 시간을 건너갔다 온 셈이구나. 아이고~ 보나보나 박사 죽겠네. 어쩐지 팔다리가 다 쑤신다 했다.

과학자들은 동물의 심장을 보고 사람의 심장을 상상하기도 하고 훔친 시체를 해부하기도 했어. 심장의 생김새를 밝히기 위해 갖은 고생을 다했지만 심장이 하는 일은 베살리우스조차도 몰랐단다. 아니, 뭐! 너희들도 잘 모르겠다고? 이럴 수가! 알았다. 그럼 심장이 하는 일을 먼저 알려 줘야겠구나. 심장 속으로 여행을 떠나야겠어.

　자동차는 어떻게 움직일까? 그래. 엔진에 시동을 걸면 차가 부르릉 소리를 내며 달리지. 그럼 사람은 어떻게 움직이고 살아갈까? 사람의 엔진은 뭘까? 맞아. 바로 심장이야. 심장은 자동차의 엔진처럼 피를 온몸으로 돌리는 일을 해.

　"에이~ 갈레노스나 베살리우스도 그 정도는 알아냈잖아요."

　아니야. 갈레노스나 베살리우스는 피가 심장을 그냥 지나쳐 간다고 생각했어. 하지만 심장은 피가 지나가는 곳만이 아니야. 심장은 피를 힘껏 뿜어낸단다. 피를 뿜어내는 힘이 아주 강해서 피가 온몸을 돌 수 있는 거야.

　"그런데 심장은 피를 어떻게 뿜어내요? 도저히 이해가 안 돼요."

　그래? 그럼 물총 놀이를 떠올려 보자. 먼저 물총에 물을 가득 넣고,

 여행 첫째 날 | 쿵쾅쿵쾅 심장이 뛰어요

발사! 물총의 몸통을 꾹 누르면 물이 쭉 나가지? 심장도 마찬가지란다. 피가 가득 담긴 심장을 꾹 누르면 우리 몸속으로 피가 퍼져 나가는 거야.

"몸속에 있는 심장을 어떻게 눌러요? 박사님도 허풍이 심하시네요."

허풍 아니야! 잘 들어 보렴. 심장을 누르는 사람은 아무도 없어. 심장은 혼자서 움직인단다. 심장은 근육으로 되어 있어서 근육이 스스로 줄었다 늘었다 하면서 피를 내보내지. 만약 잠깐이라도 심장이 움직이지 않는다면 우리는 죽게 돼.

그렇다면 심장은 어떻게 조금도 쉬지 않고 뛸 수 있는 걸까? 우리는 잠깐만 뛰어도 이렇게 힘든데 말이야. 그럼 이쯤에서 심장의 생김새를 다시 한 번 짚어 보자꾸나.

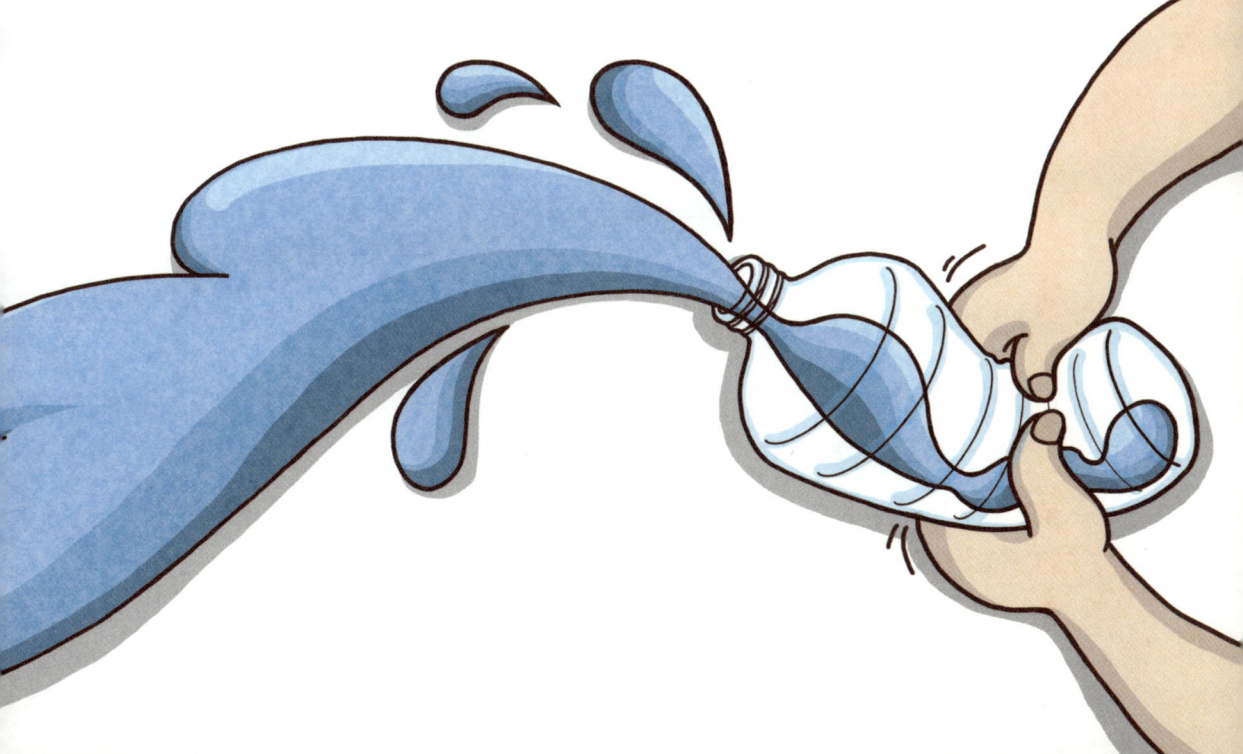

사람의 심장은 네 개의 방으로 되어 있어.

"갈레노스는 두 개라고 했잖아요?"

그랬지. 갈레노스는 원숭이의 심장을 보고 심장의 방이 두 개라고 했어. 물론 포유류인 원숭이도 심장의 방은 네 개야. 그런데 왜 두 개라고 생각했을까? 그건 심장의 방 사이에 있는 판막을 제대로 못 본 데다, 심장이 어떻게 움직이는지 몰라서 그런 걸 거야. 이제부터 심장의 생김새에 대해 자세히 알려 줄 테니 잘 따라오렴.

대부분의 사람은 왼쪽 가슴에 자기 주먹만 한 심장이 있어. 그런데 잘 보렴. 심장은 이층집이야. 왼쪽에 있는 두 개의 방에는 좌 자를 붙여. 한자의 왼 좌 자를 붙인 거지. 오른팔 쪽 방에는 오른 우 자를 붙여. 그리고 두 개의 일층 방에는 실 자를 붙이고 이층 방에는 방 자를 붙인단다. 그래서 왼쪽 아래층 방의 이름은 좌심실이 되는 거고 왼쪽 위층 방은 좌심방이 되는 거야. 그다음 오른쪽 아래층 방은 우심실, 오른쪽 위층 방은 우심방이 되는 거야. 복잡하지? 그림을 한 번 그려 봐. 그럼 금방 알게 될 거야. 자, 이제 심장의 방 이름을 알았지?

"그럼, 네 방이 모두 피를 내뿜는 거예요?"

아니야. 그건 아니란다. 심장의 네 방은 하는 일이 조금씩 달라.

"박사님, 뭐가 그렇게 복잡해요?"

흐흐흐. 조금 복잡하긴 하지? 하지만 잘 생각하면 그리 어렵진 않

아. **심방**은 심장 밖에서 오는 피를 받는 일을 해. 그리고 **심실**은 심방에서 모은 피를 받지. 자, 어때 간단하지? 그런데 이제부터 잘 들어보렴. 아까 심실에 좌심실과 우심실이 있다고 했지? 두 개의 심실은 피를 받는 곳이 같을까? 다를까?

"달라요!"

오호! 어떻게 알았지? 맞아 달라. 다르고말고.

먼저 우심실은 우심방이 모아 놓은 피를 받아. 우심방으로 들어오는 피는 온몸을 돈 피란다. 쉿! 조용히 해 봐. 우심방으로 들어오는 피들의 이야기를 들어 보자꾸나.

"헥헥, 힘들어. 길고 힘한 온몸 여행을 하다 보니 너무 지쳤네. 얼른 우심방으로 돌아가 쉬어야지."

힘들어하는 피들의 말소리가 들리니? 그럼 좌심방으로 들어오는 피는 어디에서 오는 걸까? 좌심방으로 가 보자.

"우와, 산뜻하고 기분이 너무 좋아. 폐에서 신선한 공기를 흠뻑 먹었더니 기운이 펄펄 나네. 어서 좌심방으로 들어가서 온몸 여행을 떠나 볼까?"

아하! 그렇구나. 좌심실에 피를 보내는 좌심방은 폐에서 들어오는 피를 받는구나. 이제 심장 밖을 돌던 피가 심장의 어디로 들어오는지 알았지? 그럼 이번에는 심장 안에서 피가 어떻게 흐르는지 알아볼까?

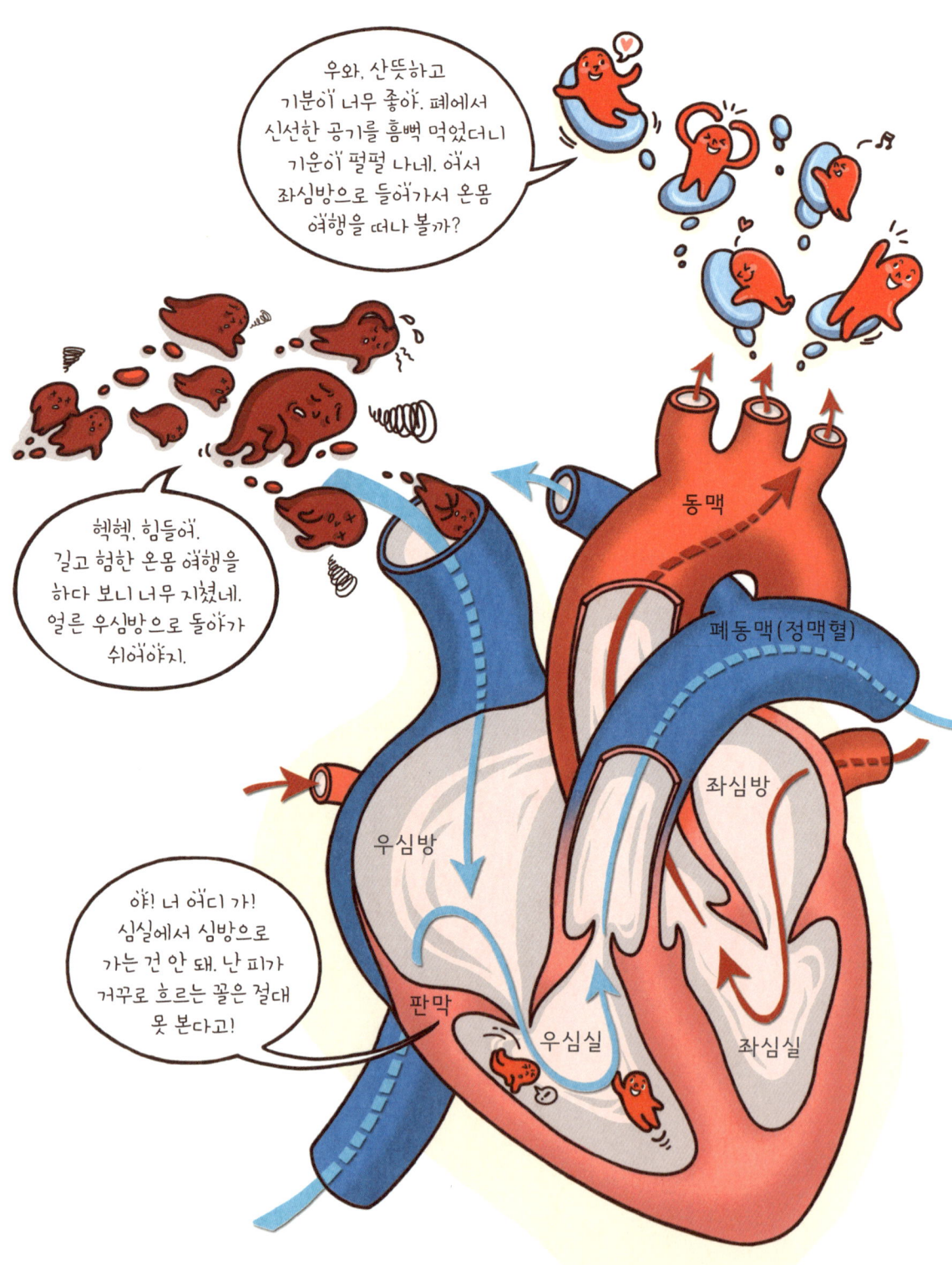

온몸을 돈 피는 우심방으로 들어와. 우심방에 피가 꽉 차면 우심실로 가지. 우심방과 우심실 사이에는 우리 방에 문이 있는 것처럼 문이 있어. 문을 닫아 놓으면 내가 열어 주기까진 아무도 들어올 수 없잖아. 우심방과 우심실 사이의 문도 같은 일을 해. 문이 열려야만 우심방의 피가 우심실로 들어갈 수 있어. 심장의 문을 판막이라고 하는데, 이 판막은 아주 까다로운 문이야. 아무 때나 열어 주지 않는 건 물론이고 심방에서 심실로만 피가 흐르게 해.

"야! 너 어디 가! 심실에서 심방으로 가는 건 안 돼. 난 피가 거꾸로 흐르는 꼴은 절대 못 본다고!"

봤지? 판막은 아주 엄한 문이라고. 드디어 우심방으로 돌아온 피가 우심실에 다 모였다. 이제 우심실의 피는 어디로 갈까? 가만 보자. 심실의 벽이 심방보다 두껍구나. 두꺼운 근육은 힘도 센데……. 우심실은 이 힘을 어디다 쓰는 걸까?

"이얏! 피란 피는 모두모두 폐로 가랏!"

우심실의 크기가 줄어들면서 피가 모두 폐로 나가고 있어. 폐로 흘러간 피는 산소를 받아들인 다음 다시 심장으로 들어오지. 심장의 어느 방으로 들어온다고 했더라? 기억나니?

"좌심방이오!"

맞아! 좌심방. 좌심방에 모여든 피는 다시 문을 열고, 그렇지! 판막을 열고 좌심실로 가. 좌심실과 좌심방 사이에 있는 판막이라고 성격이 순하진 않겠지. 피는 좌심방에서 좌심실로만 흐른단다. 마침내 좌심실에 모인 피는 어디로 가는 걸까? 아는 사람~? 맞아 맞아. 좌심실의 힘센 근육이 우차! 힘을 써서 온몸으로 뿜어져 나간단다.

온몸을 도는 피의 흐름에 대해서는 다음에 자세히 이야기해 줄게. 기대하렴. 자, 이쯤에서 오늘 여행을 끝내 볼까? 아함~ 이 보나보나 박사님은 너무 졸리고 배도 고프다. 너희들도 어서 집으로 돌아가렴. 부모님이 기다리실 거야. 마지막으로 꼭 기억해야 할 것 하나. 심장은 아주 중요하다는 것을 꼭 기억하렴. 심장이 아프면 피가 돌지 않고 피가 돌지 않으면 사람은 살 수가 없단다. 그럼 잘 가렴.

"그럼 심장이 아픈 사람은 어떻게 해요?"

아이쿠! 아직 질문이 남은 거냐? 하지만 정말 좋은 질문이니까 이 보나보나 박사님이 봐주겠어. 하나만 더 이야기해 주지. 예전에는 심장이 아픈 사람은 시름시름 앓을 수밖에 없었어. 하지만 요즘 의학은 엄청 발달해서 여러 방법이 생겼어. 가장 많이 쓰이는 방법은 심장 수술이야. 돼지의 판막이나 사람이 만든 인공 판막을 심장 안에 넣기도 해. 돼지의 판막은 사람의 판막과 아주 비슷한 데다 구하기도 쉬워서 자주 사용되지.

또 한 가지 방법이 있어. 그게 뭐냐고? 심장을 통째로 바꾸는 거야.

사람이 만든 심장을 쓰는 거지. 인공 심장 말이야. 진짜 사람의 심장은 아주 귀하거든. 인공 심장을 만든 과학자들의 이야기를 하나 들려줄게. 잘 들어 보렴.

"어쩌지? 심장이 너무 귀해. 심장을 기다리다가 죽는 사람이 너무 많아."

과학자들은 인공 심장을 만들기로 했어. 하지만 쉽지 않았어. 인공 심장 연구는 1930년부터 시작되었는데, 1957년이 되어서야 첫 번째 인공 심장이 겨우 만들어졌단다.

"성공이야! 성공! 이 인공 심장이라면 사람을 살릴 수 있을 거야."

미국의 콜프 박사는 정말 기뻤어. 잘만 하면 많은 사람을 살릴 수 있을 테니까. 콜프 박사는 콩닥콩닥 뛰는 가슴을 진정시켰어. 하지만 마음을 놓기에는 아직 일렀어. 인공 심장이 잘 움직이는지 먼저 동물 시험을 해야 했거든.

"부디 살아다오. 네가 견뎌야 사람에게도 쓸 수 있단다."

콜프 박사는 수술을 마치고 두 손을 모아 기도했지만 안타깝게도 인공 심장을 단 개는 90시간 만에 죽어 버렸지. 하지만 콜프 박사는 포기하지 않고, 끊임없이 연구를 계속했어. 1982년, 마침내 콜프 박사와 동료 자비크 박사는 인공 심장 자비크-7을 만들었어.

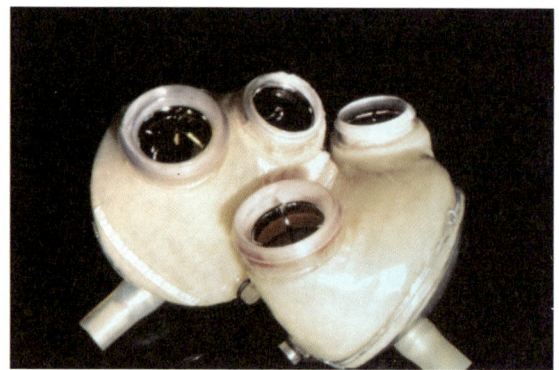
자비크-7

"이 인공 심장을 환자에게 달겠습니다."
미국의 드브리스 박사는 자비크-7을 심장병을 앓던 환자에게 달았지.
"환자가 무사합니다. 좀 더 지켜봐야겠지만 지금까지 상태는 나쁘지 않아요."

인공 심장이 어떻게 발명됐는지 잘 봤지?
"그럼 그 환자는 아직까지 살아 있어요?"
그 환자는 안타깝게도 그리 오래 살지 못했어. 과학자들은 수술이 성공한 줄 알고 무척 기뻐했어. 꼭 성공한 것처럼 보였으니까. 하지만 수술한 지 112일 되던 날 환자는 세상을 떠나고 말았어.

어! 어! 다들 왜 그래. 울지 마. 그게 끝이 아니란다. 과학자들은 인공 심장 만들기를 포기하지 않았어. 그럴 리가 있겠니. 과학자들은 더욱 끈질기게 연구를 계속하고 있어. 아직까지 인공 심장은 완전하지 않아. 진짜 심장이 오기 전까지 잠깐 동안 시간을 벌어 줄 뿐이야. 하지만 희망은 있어. 수많은 과학자들이 밤낮으로 연구하고 있으니까.

그럼, 정말 안녕. 오늘은 모두 돌아가렴. 다음에 또 놀러 와.

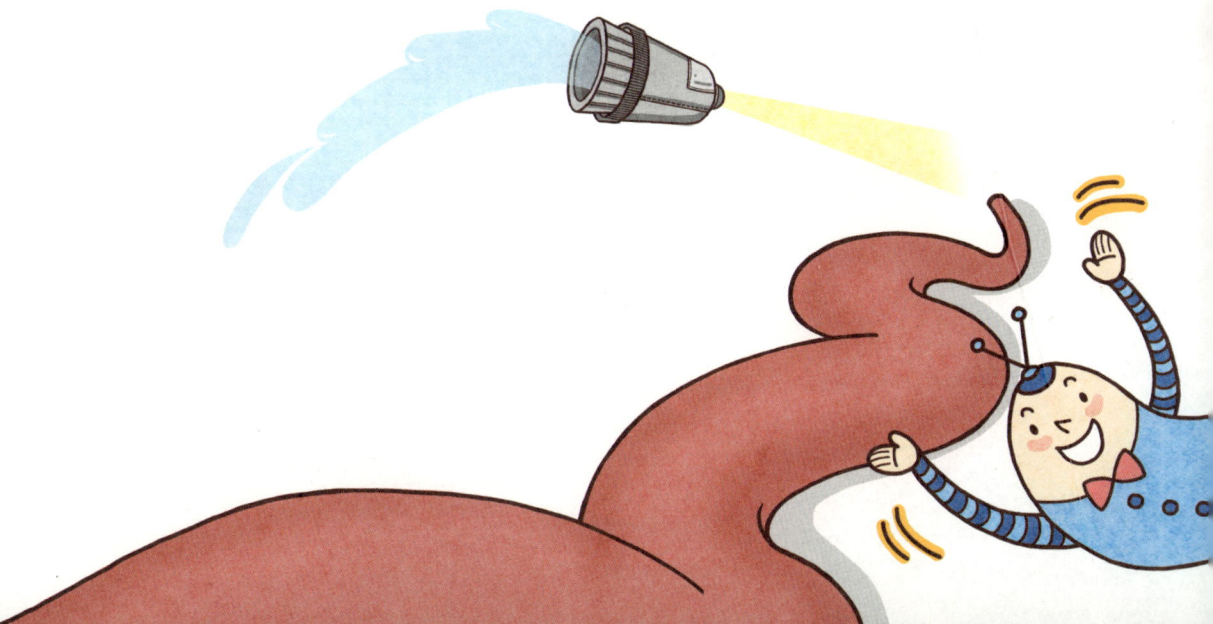

빙글빙글 피가 돌아요

 어서들 와. 어제는 몸으로 피를 뿜어내는 심장에 대해 알아봤지? 또 뭐가 궁금하니? 아하! 심장에서 뿜어져 나온 피가 어떻게 몸을 도는지 궁금하다고? 알려 줄까 말까? 좋아! 인심 썼다. 이제부터 피가 몸속을 도는 이야기를 해 줄 테니 이 보나보나 박사의 말에 귀를 잘 기울여야 해. 알았지?
 심장을 나온 피는 튼튼한 길을 따라 여행을 떠난단다. 그 길 이름이 뭘까? 맞아. 바로 혈관이야. 피는 혈관을 따라 몸속을 빙글빙글 돌지. 피는 공기와 영양분을 나르기 때문에 잘 도는 것이 중요해. 하지만 피가 혈관을 따라 어떻게 흐르는지, 혈관은 어떻게 생겼는지, 어떤 혈관들이 있는지를 알아내는 데는 엄청난 시간이 걸렸단다. 과학자들은 온갖 비웃음과 구박을 견디면서 연구를 했지. 심지어 목숨을 잃기도 했어. 자, 그럼 어떤 일이 있었는지 16세기의 유럽으로 떠나 보자꾸나.

미카엘 세르베투스(Michael Servetus, 1511~1553)

스페인의 신학자이자 의학자. 신학과 의학을 공부한 스페인의 의학자로,
'심장의 피는 폐를 거쳐 영혼과 섞인 다음 심장으로 돌아간다'고 생각했다.
폐를 통과하기 전과 후의 혈액 색깔의 변화와 폐를 통과하는 폐순환을
비교적 정확하게 이야기하면서 혈액순환의 선구자라고 불린다.

불길에 휩싸인 세르베투스

"아이고! 고집쟁이. 누가 너를 이기겠니."

친구인 샹피에가 혀를 끌끌 찼어. 아무리 어르고 달래도 세르베투스의 고집을 꺾을 수 없었기 때문이지. 부아가 치민 샹피에는 퉁퉁거렸어.

"이봐. 세르베투스. 너는 의학 공부를 하면 딱 알맞을 거야. 워낙 고집이 세서 주변에서 뭐라고 해도 흔들리지 않을 테니까 말이야."

세르베투스는 어깨를 으쓱하며 손을 흔들었어.

"말도 안 되는 소리 그만하고 집에나 가라고."

세르베투스는 친구 샹피에를 뒤로 하고 집으로 향했어. 하지만 이상하게도 친구의 말이 귓가에 맴돌았어. 세르베투스는 고개를 흔들었어. 이미 법학과 신학까지 공부했는데 또 의학 공부를 한다는 건 분에 넘치는 것 같았지.

"에이, 잊자. 잊어버려야지. 저 녀석이 괜히 헛바람을 불어넣었어."

하루가 가고 이틀이 지났어. 어찌된 일인지 의학 공부를 하고 싶다는 생각은 사라지지 않았어. 고민하던 세르베투스는 기운이 쪽 빠져서 샹피에를 찾아 갔어.

"어이! 어떻게 된 거야? 며칠 사이에 얼굴이 홀쭉해졌네?"

샹피에는 놀라서 물었어.

"이게 다 자네가 나를 꾀어낸 탓이야. 자네 말을 듣고 나서부터 자꾸 의학 공부가 하고 싶어지지 뭔가."

세르베투스가 투덜댔어.

"그랬나? 으하하하."

샹피에는 시원스럽게 웃어 제치다 곧 진지한 얼굴로 말을 꺼냈어.

"내가 아무 생각 없이 말을 했겠어? 자네는 관찰력이 뛰어나지. 게다가 성실하고 끈기가 있어. 나를 믿어 보게나. 내가 파리대학에 아는 교수가 있어. 추천서를 써 줄 테니 가서 열심히 공부해 보게."

1536년, 세르베투스는 파리대학에 들어갔어. 호기심으로 시작한 공부였지만 워낙 머리가 좋고 성실해서 학교에서 유명해졌지.

정원에서 책을 읽던 세르베투스는 고개를 들었어. 저만치 웅얼거

 여행 둘째 날 | 빙글빙글 피가 돌아요

리며 걸어가는 베살리우스가 보였지. 세르베투스는 재빨리 베살리우스에게 다가갔어. 둘은 실비우스 교수의 실험실에서 같이 연구하는 동료였어. 베살리우스는 언제나 혼자인 데다 괴짜였지만 아주 뛰어난 의사였지. 세르베투스는 그런 베살리우스를 아주 좋아했어.

"헉헉, 베살리우스. 좀 천천히 가게나."

베살리우스를 겨우 따라붙은 세르베투스는 가쁜 숨을 내쉬었어. 베살리우스는 혼자 생각에 푹 빠져 있다 멍하니 세르베투스를 쳐다보았지.

"어? 자네로군. 언제부터 따라왔나?"

"언제긴. 아까부터 불러도 못 듣고 가더라고. 헉헉, 아이고, 숨차."

세르베투스를 보는 베살리우스의 눈빛은 부드러웠어. 세르베투스는 자기를 대놓고 무시하는 다른 사람들과는 다르게 언제나 친절했거든. 베살리우스가 미안함에 살짝 붉어진 얼굴로 물었어.

"연구실에서 만나면 될 걸 뭘 그리 뛰어왔나. 미안하게……."

세르베투스가 어두운 목소리로 물었어.

"저기, 자네 파도바대학으로 간다는 소문이 있던데……."

베살리우스는 머뭇거렸어. 베살리우스가 파도바대학으로 떠나는 데는 사연이 있기 때문이야. 어제 이야기했던 것 기억하지? 해부를 위해 시체를 훔쳤다 들통이 났거든. 그래서 도망치듯 파리를 떠나야 했던 거야.

베살리우스는 한숨을 쉬며 말했어.

"그래, 맞아. 자네도 어찌 된 일인지는 대충 알지?"

세르베투스가 어색하게 고개를 끄덕였어. 세르베투스는 침을 꿀꺽 삼켰어. 이 마당에 이것저것 캐묻기가 미안했지만 베살리우스에게 물어보고 싶은 게 있었거든.

"저…… 뭐 좀 물어볼 게 있어서 말이야. 심장벽에 대한 건데…….”

베살리우스는 말을 잇지 못하고 우물거리는 세르베투스를 다정하게 바라보았어.

"물어보게. 자네라면 믿고 이야기해 줄 수 있지, 암."

"심장벽의 구멍 말이야. 실비우스 교수님이 워낙 화를 내시니 연구실 안에서는 물어볼 수가 있어야지."

세르베투스가 용기를 내어 말했어.

베살리우스는 한숨을 푹 내쉬었어.

"그러게 말이야. 직접 눈으로 본 사실을 자꾸 아니라고 화만 내시니, 답답해서 말이야."

베살리우스의 말에 세르베투스의 눈이 반짝였어.

"그러니까 정말로 갈레노스가 틀렸단 말이지? 심장벽에는 구멍이 없더라 이거지?"

"그렇다니까. 몇 번을 말해야 믿겠나? 내가……."

베살리우스는 말을 하다 말고 주위를 둘러보았어.

"내가 직접 해부를 해 보았다니까."

세르베투스는 얼떨떨한 얼굴로 베살리우스를 바라보았어. 친구가 존경스러우면서도 걱정되었거든.

"그게 사실이라면 심장으로 들어온 피는 어떻게 심장 밖으로 흐르는 거지?"

베살리우스는 머리를 긁적였어. 한 번도 생각해 본 적이 없었거든.

"글쎄…… 그쪽은 자네가 나보다 나으니 꼭 알아내 봐. 자네는 잘 할 거야."

"그래, 꼭 알아내고 말겠어. 자네도 파도바대학에 가서 마음껏 연구하기를 기도하겠네."

두 사람은 말없이 서로를 응원했어.

"아, 베살리우스는 잘 있겠지? 연구는 어떻게 돼 갈까?"

세르베투스는 여느 때처럼 홀로 연구실에 남아 있다 한숨을 내쉬었어. 연구가 잘 되지 않았거든. 마음 맞는 친구를 떠나보낸 데다, 피가 심장을 어떻게 빠져나오는지도 도무지 알 수가 없었어.

"아니야. 이럴수록 기운을 내야지."

세르베투스는 입술을 꼭 깨물고 실험대로 갔어. 마음을 가다듬고는 다시 한 번 정신을 차리고 실험대 위의 돼지를 노려봤어.

"자, 다시 한 번 해부를 해 보자. 심장벽에는 구멍이 없으니까 이번에는 심장에서 폐로 가는 혈관을 살펴보는 거야."

세르베투스는 땀을 뻘뻘 흘리며 돼지의 가슴을 갈랐어. 조심스럽게 심장에서 폐로 들어가는 피의 양을 가늠했어. 생각보다 훨씬 피가 많았어.

"어? 이상하네. 갈레노스의 말처럼 그저 폐에 영양분을 주기 위해서라면 아주 조금만 들어가도 될 텐데 말이야."

곰곰이 생각하던 세르베투스는 벌떡 일어났어.

"바로 그거야!"

세르베투스는 실험대를 빙글빙글 돌며 춤을 췄어. 드디어 실마리를 잡은 거야. 갈레노스는 심장으로 들어간 피는 대부분 심장벽을 통해 다른 쪽 방으로 흐른다고 했었지. 폐로는 아주 조금만 흐른다고 생각했어. 하지만 그게 아니었던 거야.

"심장으로 들어온 피는 폐로 흐르는 거야. 그런 다음 폐를 지나 다시 심장으로 돌아와서 온몸으로 나가는 거야. 틀림없어."

세르베투스는 실험대 주위를 돌다 갑자기 자리에 우뚝 멈춰 섰어. 또 하나의 의문이 떠올랐어.

"어? 왜 그런 거지? 사람의 몸에 이유 없이 일어나는 일은 하나도 없어. 하느님께서 모든 이유가 있어 만드신 거니까."

신앙심이 깊었던 세르베투스는 작은 것 하나도 그냥 흘려보낼 수가 없었던 거야. 세르베투스는 자리에 앉아 깊은 생각에 빠졌어. 피가 왜 폐로 흐르는 걸까? 만약 심장벽에 구멍이 있다는 갈레노스의 생각이 틀렸다면 사람의 몸에 세 가지 혼이 흐른다는 생각도 틀린 것은 아닐까? 세르베투스는 머리를 쥐어뜯었어. 자신이 하고 있는 생각이 얼마나 위험한 것인지 잘 알았기 때문이야.

"폐를 통해서 한 가지 영혼만 피에 섞이는 게 분명해. 그렇다면 지금 교회가 가르치는 것은 사실이 아니란 말인가?"

세르베투스는 의학을 공부하기 전에 신학을 공부했어. 그래서 과학과 신앙은 떼어서 생각할 수 없는 것이었지. 세르베투스는 몇 날 며칠 동안 끙끙 앓았어. 그때만 해도 교회의 생각과 다른 생각을 말하거

나 글로 쓴다는 것은 굉장히 위험한 일이었어. 자칫하면 죽을 수도 있었지. 밤새 고민하던 세르베투스의 얼굴 위로 부드러운 아침 햇살이 비쳤어. 세르베투스는 천천히 일어나 창문을 열었어. 차가운 공기에 소름이 오소소 돋았어. 창밖에는 새들이 바쁘게 모이를 쪼고 있었어. 멍하니 새들을 바라보던 세르베투스의 눈이 반짝였어.

"그래. 비겁해지지 말자. 내가 알아낸 것은 의학을 크게 발전시킬 거야. 비록 내가 생각하는 신앙이 지금 교회의 생각과 다르지만 언젠가는 이해해 줄 사람이 있을 거야."

세르베투스는 서둘러 옷을 갈아입고 책상 앞에 앉아 미친 듯이 글을 써 내려갔어. 1553년, 세르베투스는 마침내 폐를 도는 피의 흐름을 넣은 신학 책 《그리스도교의 회복》을 세상에 내놓았어.

"신은 하느님뿐이다. 예수님과 성령은 신이 아니다. 그와 마찬가지로 피에도 세 가지 영혼이 섞이는 것이 아니라 폐에서 받은 한 가지 영혼만이 섞인다. 심장의 피는 폐를 거쳐 영혼과 섞인 다음 심장으로 돌아간다."

세르베투스의 책은 큰 소동을 일으켰어. 교회에서는 하느님과 예수님, 성령이 모두 하느님의 모습이라고 믿었기 때문이야. 세르베투스는 천주교와 개신교 모두의 적이 되었지.

"세르베투스를 죽여라!"

"세르베투스는 악마다!"

세르베투스는 파리를 떠나 이곳저곳을 떠돌았어. 하지만 결국 제네바에서 붙잡혔단다. 사람들은 세르베투스에게 책에 쓴 생각이 잘못된 것이라 말하라고 윽박질렀어. 그러면 살려 주겠다고 했지. 하지만 세르베투스는 그럴 생각이 없었어. 결국 세르베투스는 화형에 처해졌어. 여러 가지 생각을 받아들이기에는 종교의 힘이 너무 셌던 거야.

가을이라 하늘은 높고 푸르렀어. 세르베투스는 마지막으로 하늘을 올려다보며 생각했어.

'언젠가는 나를 이해해 줄 사람이 있을 거야.'

세르베투스가 억울하게 죽임을 당한 지 70년이 지났어. 하지만 여전히 사람들은 갈레노스의 생각에 젖어 있었어. 그동안 베살리우스와 세르베투스처럼 뛰어난 과학자들이 사실을 밝혔지만 받아들여지지 않았어. 사람들의 생각은 좀처럼 변하지 않았단다.

죽음까지 무릅쓴 세르베투스가 너무 불쌍하다고? 아니야. 속상해하지는 말아. 느리기는 했지만 마침내 사람들은 세르베투스의 생각을 받아들이게 된단다. 세르베투스의 발견은 훗날 폐순환으로 불려. 피가 폐에 영양분을 공급하는 게 아니라 폐를 거쳐 다시 심장으로 돌아온다는 뜻이란다. 세르베투스의 연구는 그 뒤로 콜롬보라는 과학자에 의해 사실로 밝혀져. 다행이지? 그뿐 아니야. 세르베투스의 연구를 발판으로 피가 온몸을 도는 방법도 알아내게 되지. 하비가 피가 온몸을 돈다는 피의 순환을 알아내는 데 커다란 도움이 된 거야.

    그리고 한 가지 더 알려 줄까? 과학이 종교의 그늘에서 서서히 벗어나게 된단다. 과학은 종교적인 이유로 금지되었던 여러 가지 실험과 해부를 자유롭게 할 수 있게 되면서 눈부시게 발달하기 시작해.

윌리엄 하비(William Harvey, 1578~1657)

영국의 의학자. 피는 간에서 만들어지는 것이 아니라, 온몸을 순환하면서 재사용된다고 생각했다. 그리고 그런 피의 흐름을 실험을 통해 밝혀냈다. 심장의 박동을 원동력으로 피가 온몸을 도는 것을 밝혔으며, 그때까지 잘못 알려져 있던 혈액순환에 대한 생각을 바로잡았다.

비밀이 밝혀지다, 피의 순환!

"아이고, 똑똑한 내 아들."

하비의 아버지는 기뻐서 하비를 번쩍 들어 올렸어. 아직 어린 하비는 머리가 좋아 뭐든지 금방 받아들였거든. 하비의 집안은 영국에서도 성공한 사업가 집안이었어. 하지만 아무리 돈이 많아도 귀족은 아니었지. 하비의 아버지는 그게 늘 불만이었어. 아무리 능력 있고 돈이 많아도 신분이 낮다는 이유로 귀족들에게 허리를 굽혀야 했거든.

"하비야, 의사가 되어야 한다. 꼭 의사가 돼서 왕의 주치의가 되렴. 그럼, 아무도 우리를 깔보지 못할 거야."

하비의 아버지는 입버릇처럼 말하곤 했어. 하비는 열다섯 살이 되자 도시에서 가장 좋은 킹스 스쿨에 입학했어. 하비의 아버지는 돈이 아주 많이 들었지만 크게 상관하지 않았어. 아들의 성공을 위해서는 어떤 것도 아깝지 않았던 거야.

하비는 공부를 좋아하기는 했지만 마음이 즐겁지만은 않았어. 다른 형제들은 모두 아버지를 도와 일을 하는데 자기만 공부를 하는 게 마음에 걸렸단다. 아버지의 기대도 너무 버거웠고 말이야.

"내가 잘할 수 있을까? 정말 내가 왕의 주치의가 될 수 있을까?"

하비는 마음이 답답할 때마다 집 앞 바닷가를 서성였어. 밀려왔다 멀어지는 파도 소리를 들으며 마음을 달랬지.

"나는 운이 좋아. 아무 걱정 없이 공부를 할 수 있잖아. 마을에 라틴어는커녕 글을 읽지 못하는 사람들이 수두룩한데 말이야."

하비는 산책을 끝내고 집으로 돌아왔어.

"하비야, 바닷바람이 찬데 감기 걸리겠구나. 이리 오렴. 아이쿠! 몸이 차구나."

거실에 앉아 있던 아버지가 하비의 몸을 문질러 주었어. 아버지와 마주 선 하비는 깜짝 놀랐어. 오늘따라 아버지가 무척 늙어 보였거든. 하비는 어렵게 입을 열었어.

"아버지, 저도 동생들과 함께 아버지의 일을 도와야 하지 않을까요? 첫째인 제가 집안일에 신경도 못 쓰고……."

아버지는 하비의 어깨를 두드리며 말했어.

"무슨 소리냐. 집안일일랑 신경 쓰지 말고 열심히 공부하렴. 왕의

 여행 둘째 날 | 빙글빙글 피가 돌아요

주치의가 되면 우리 집안의 신분도 높아지겠지. 하지만 네가 의사가 되었으면 하는 건 그 이유 때문만은 아니야. 아버지는 네 좋은 머리를 어려운 사람을 위해 썼으면 좋겠구나."

하비는 얼굴이 붉어졌어. 아버지의 깊은 뜻을 모르고 오해했던 자신이 부끄러웠어. 하지만 아직도 꼭 의사가 돼야겠다는 생각은 없었어. 다음 날, 학교에 가면서도 하비의 마음은 답답했어. 오늘따라 마차도 심하게 덜컹거렸어. 좋아하는 책도 눈에 들어오지 않았지.

하비는 거리로 눈을 돌렸어. 매일 다니던 길인데도 오늘따라 달라 보였어. 다른 때는 마차 안에서도 책만 들여다보느라 거리의 구석구석은 보지 못했던 거야. 화려한 집들 사이로 좁고 더러운 골목이 눈에 들어왔어. 길에 쌓인 쓰레기와 개똥에서 지독한 냄새가 났어. 아이들은 꼬질꼬질한 옷을 입고 쓰레기 사이에서 뛰어놀고 있었지. 하비는 얼굴을 찌푸렸어.

'사람들은 점점 늘어만 가는데 사는 형편은 나아지지를 않네. 게다가 사람들이 왜 아픈지 이유조차 알려지지 않은 것투성이니…….'

하비는 아버지의 뜻을 이해할 수 있을 것 같았어. 그러고는 마음을 다잡았지.

"그래, 의사가 되자. 그래서 병을 고치고 사람들을 돕는 거야."

마음을 정한 하비는 파도바대학에 들어갔어. 하비는 파도바대학에서도 금방 인정을 받았어. 영리한 데다 끈기가 있어서 교수님들 사이에서 인기가 많았지. 덕분에 하비는 파브리키우스 교수의 연구실에서 연구를 할 수 있었어. 파브리키우스는 혈관과 판막에 대한 연구로 무척 유명했지.

"이보게, 하비. 와서 좀 보게나."
하비는 파브리키우스 교수 곁으로 쪼르르 뛰어갔어. 파브리키우스 교수는 이제 막 자른 정맥을 들고 있었어.
"교수님, 정맥은 왜요?"
"자네한테 재미있는 걸 보여 주려고 그러지."
파브리키우스 교수는 정맥을 살짝 뒤집었어. 그러자 정맥 안에 달려 있는 작은 조각들이 보였어.
"우와~ 이게 바로 교수님께서 말씀하시던 판막이군요."
"그렇지, 잘 아는군."
하비는 판막을 뚫어져라 쳐다봤어.
"교수님, 판막은 무슨 일을 하나요?"
하비의 질문에 파브리키우스는 어깨를 으쓱했어.
"좀 더 연구해 봐야 하겠지만 내 생각에는 판막이 피의 양을 조절하는 것 같아. 생각해 보게. 머리 꼭대기에서 다리까지 피가 쏴 하고 떨

어져 버리면 곤란하지 않겠어? 그러니까 피가 천천히 골고루 흐르도록 하는 게지."

"아~ 그렇군요."

하비는 행여나 한 마디라도 놓칠까 숨을 죽였어. 피의 흐름에 관심이 많았거든. 하비는 방으로 돌아와 잠자리에 들어서도 판막 생각에 푹 빠져 있었어. 같은 혈관인데도 정맥에만 판막이 있는 게 참 신기했지. 그런데 아무리 생각해도 이해가 안 되는 게 있었어.

"목에 있는 정맥에도 판막이 있다고 들었던 것 같은데……. 이상해. 파브리키우스 교수님 말대로라면 몸의 윗부분인 목에는 판막이 없어도 되지 않을까?"

하비는 벌떡 일어나 책상 서랍을 열었어. 하비의 친구들은 학교에서 배운 것을 의심 없이 그대로 받아들였지만 호기심 많은 하비는 달랐

어. 하비는 그동안 궁금했던 것을 공책에 차곡차곡 적어 놓았던 거야.

"어디에 있더라? 그래, 여기 있다. 심장에도 판막이 있단 말이지. 그런데 갈레노스는 폐로 들어가는 쪽에 있는 판막이랑 폐에서 나오는 쪽 판막이랑 다른 일을 한다고 했단 말이야. 똑같은 판막인데 왜 다르다는 거지? 게다가 폐순환에 대한 생각도 그래. 아무래도 세르베투스의 생각이 옳은 것 같은데 말이야."

하비는 공책을 들여다보며 머리를 긁적였어. 판막 말고도 궁금한 게 너무나 많았지. 특히 피가 몸속을 어떻게 도는지 궁금해했어. 하지만 어떤 책도, 어떤 과학자도 피가 어떻게 흐르는지 제대로 설명하지 못했지.

"좋아. 런던으로 돌아가서 피가 어떻게 흐르는지 연구를 해 보자. 교수님들 눈치 보느라 생각만 했던 것들을 다 알아보는 거야."

하비는 공책을 들고 혼자 싱글싱글 웃었어. 신 나게 연구를 할 생각에 벌써부터 가슴이 벅차올랐어.

런던으로 돌아 온 하비는 틈틈이 해부학 강의를 하며 실험을 계속했어. 피의 흐름을 알아내기 위해서는 심장에 대해 자세히 연구해야 했지. 그런데 피가 따뜻한 동물들은 심장이 너무 빨리 뛰어서 관찰하기가 어려웠어.

"심장이 너무 빨리 뛰네. 이래서야 피가 어떻게 흐르는지 볼 수가 있나. 어쩐다지?"

그러던 어느 날 좋은 생각이 번쩍 떠올랐어.

'차가운 피를 가진 냉혈동물로 실험을 해 보면 어떨까? 심장이 천천히 뛰니 관찰하기 좋지 않을까?'

하비는 물고기를 해부해 보았어. 물고기의 심장은 느리지만 힘차게 뛰고 있었어.

"어라? 심장이 작아졌다 커졌다 하잖아? 왜 그러는 거지?"

하비는 물고기의 심장을 요리조리 살펴보았어. 자세히 보니, 심장이 크기가 작아질 때 심장에서 피가 나오는 게 아니겠어? 그런데 이상하게 한쪽 혈관에서만 피가 뿜어져 나오는 거야. 하비는 무릎을 탁 쳤어. 깜깜하던 눈앞이 환해지는 기분이었지. 심장이 어떤 일을 하는지 피가 어떻게 몸을 도는지 깨달았던 거야.

"그렇구나! 심장은 근육이니까 수축하면서 그 힘으로 피를 밖으로 뿜어내는 거야. 그렇다면 판막이 어떻게 쓰이는지도 알겠어. 피가 한쪽으로만 흐르게 길을 막고 있는 거야."

하비는 물고기를 옆으로 치우고 종이를 펼쳤어. 종이 한가운데 커다랗게 심장을 그렸지. 심장 옆에 혈관을 두 개 그리고는 화살표를 표시했어.

"세르베투스는 피가 오른쪽 혈관으로 심장에 들어왔다 폐로 간다고 했지. 그런 다음 다시 심장으로 들어오고……. 딱 맞아떨어져. 피가 심장에서 폐로 흐를 때 심장 들머리의 판막은 닫히고 폐의 들머리에 있는 판막이 열리는 거야. 그럼 피가 폐로 흐르게 되는 거지. 그런 다음 피가 폐를 빠져나오면 폐 쪽 판막은 닫히고 혈관 쪽의 판막이 열리는 거지. 그렇게 되면 피가 심장을 빠져나와 혈관으로 흐르게 되는 거야."

하비는 한 걸음 떨어져서 자신이 그린 그림을 보았어. 그림에는 피가 두 개의 원 모양으로 빙글빙글 돌고 있었어. 심장에서 폐로 갔다 다시 심장으로 돌아오는 작은 원과 심장에서 몸을 돌아 심장으로 돌아가는 커다란 원 말이야. 하비는

뛸 듯이 기뻤어. 마침내 피가 어떻게 흐르는지 비밀을 푼 거야.

"멋져! 사람의 몸은 얼마나 대단한지. 심장에서 피가 나가는 동맥에는 판막이 없고 심장으로 들어가는 정맥에만 판막이 있는 이유도 알 것 같아. 피가 심장으로 돌아올 때는 너무 느리게 흐르니까, 피가 거꾸로 도는 걸 막으려고 있는 걸 거야. 결국 정맥의 판막도 심장 판막과 똑같은 일을 하는 거지. 피는 심장과 혈관이라는 길을 따라 계속 돌고 도는 거야."

방 안을 뛰어다니던 하비는 갑자기 자리에 우뚝 섰어. 힘들게 알아낸 사실을 어떻게 알릴지 앞이 깜깜했어. 문득 세르베투스의 죽음이 떠올랐어. 새로운 사실을 알아낸 갈릴레오나 여러 과학자들이 무슨 일을 당했는지도 생각이 났지. 과학자들은 욕을 먹고 가족들까지도 놀림을 당했어. 그뿐 아니라 살려 두지 않겠다는 협박을 받기 일쑤였고, 사는 곳에서 쫓겨나기도 했어. 하비는 의자에 주저앉아 머리를 감쌌어.

"어떻게 한다지? 지금 바로 이 사실을 밝힌다면 엄청난 일들이 생길 텐데……."

하비는 그림을 가만히 노려보았어. 하지만 닥칠 일들이 아무리 두려워도 사실을 숨길 수는 없었어.

"용기를 내야 해. 사실을 밝히는 거야. 하지만 이대로는 안 돼. 사람들이 어떤 질문을 해도 제대로 답할 수 있게 준비를 해야겠어."

하비는 차근차근 준비를 했어. 피의 흐름을 보여 줄 간단한 실험도 마련했지. 하비는 모든 준비를 끝내고 이때까지 모아 두었던 실험 결과와 생각을 모아 책을 쓰기 시작했어. 1628년, 하비는 드디어 《동물의 심장과 혈액의 운동에 관한 해부학적 연구》라는 책을 세상에 내놓았어.

"가슴이 두근두근한데. 이 책을 읽고 사람들이 어떻게 생각할까? 사람들이 쉽게 받아들이지는 않겠지?"

사람들은 하비의 생각대로 혼란스러워했어. 하비의 생각은 이때까지 믿어 왔던 것들과 너무나 달랐거든.

"이게 말이 돼? 사람의 피가 한 종류라니. 게다가 한 방향으로 흐른다고?"

"이것 좀 봐. 피가 간에서 만들어지는 게 아니래. 게다가 심장이 피를 뿜어낸데. 심장은 원래 피를 데우는 곳인데 말이야. 머리가 돈 사람이 아닐까?"

"판막이 피의 양을 조절하는 게 아니라네. 피가 거꾸로 흐르지 않게 한다는 거야. 자기 스승인 파브리키우스까지 틀렸다고 흉을 본 셈이군. 은혜도 모르는 나쁜 사람이야."

사람들은 모여서 하비를 욕하느라 바빴어. 과학자들조차 하비의 생각을 의심했어. 과학자들은 오랫동안 사실로 믿고 학생들에게 가르쳤던 것들이 틀렸다는 것을 인정하고 싶지 않았지. 오랫동안 갈레노스의 이론대로 연구를 하고, 책을 쓰고 학생을 가르쳤는데 이제 와서 그게 잘못됐다니, 생각도 하고 싶지 않았어.

"이보시오. 동맥이 정맥보다 두꺼운 이유가 뭐라고 생각한다고요? 다시 한 번 설명해 보시구려."

과학자들은 하비의 강연을 들으러 모여들었어. 그러고는 하비에게 벌떼처럼 덤벼들었지. 하지만 하비는 침착했어. 책을 쓰기 전부터 이런 일이 벌어질 거라고 짐작했으니까. 하비는 조목조목 설명하기 시작했어.

"심장에서 피가 나가는 혈관은 동맥입니다. 피가 심장으로 들어오는 혈관이 정맥이고요. 심장은 아주 센 힘으로 피를 쭉 뿜어냅니다. 그러니 동맥은 그 힘을 고스란히 받게 되겠지요. 이해가 되십니까?"

"뭐…… 뭐 대충은……."

"자, 그러니까 동맥은 그 센 힘을 견디기 위해 정맥보다 혈관 벽이 두꺼운 겁니다."

과학자들은 끙 하고 신음 소리를 냈어. 하비의 이론이 그럴듯했거든. 하지만 사람들은 오래된 생각에서 헤어나질 못했어.

"그건, 폐에서 심장으로 영혼을 보내기 때문이지요. 생각해 보시오. 영혼처럼 가벼운 물질은 혈관 벽을 빠져나가기 쉽잖소. 그러니 동

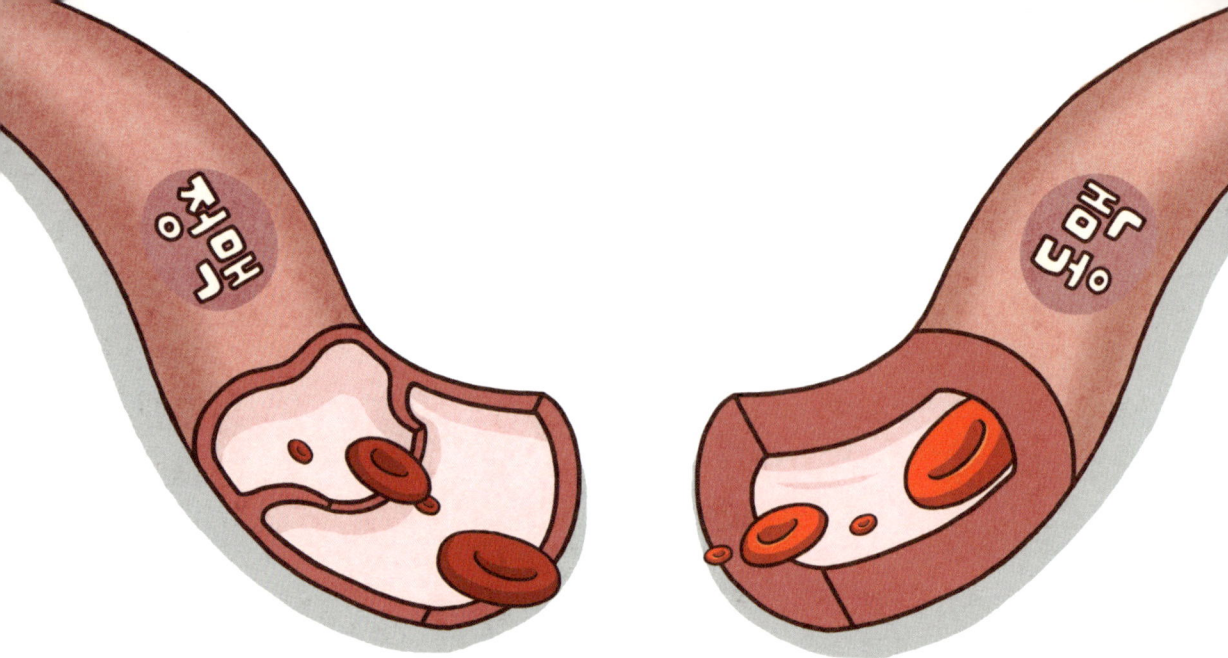

맥이 두꺼울 밖에. 그래야 영혼이 스르르 빠져나가지 않으니 말이오."

과학자들은 환호성을 지르며 박수를 쳤어. 또 한 명의 과학자가 자리에서 벌떡 일어났어.

"게다가 말이 안 되는 게 한 가지 더 있습니다."

하비는 하얗게 얼굴이 질렸지만 용기를 냈어. 여기서 포기할 수는 없었어.

"말씀해 보십시오."

"피가 정맥에서 심장으로 그다음 동맥으로 흐른다고 했지요?"

"네, 그렇습니다."

과학자는 오만상을 찌푸리며 하비에게 소리쳤어.

"그게 말이 안 돼요. 그렇다면 정맥을 흐르는 피는 진한 자주색인데 동맥을 흐르는 피는 붉은 선홍색이라니 말이 됩니까? 어떻게 같은 피가 색이 다릅니까?"

"옳소! 옳소!"

여기저기서 과학자들의 함성이 들려왔어.

'이제 자기가 잘못 생각했다고 싹싹 빌겠지?'

과학자들은 실실 웃으며 하비를 노려봤어. 당황해서 어쩔 줄 모르는 하비의 얼굴이 보고 싶었지. 그런데 어찌 된 일인지 하비의 얼굴은 평안했어. 하비는 어리둥절해하는 과학자들 앞을 지나 미리 준비해 둔 돼지의 피를 뽑았어.

"자, 이리 가까이 와서 피의 색을 보십시오. 아주 붉지요?"

과학자들은 너도나도 앞으로 몰려나와 피의 색을 보았어. 하비의 말처럼 동맥에서 갓 뽑은 피는 새빨갰지. 하비는 과학자들을 둘러보며 말했어.

"자, 이제 피를 십 분 동안 공기 중에 놔두겠습니다. 색깔이 어떻게 되나 보시지요."

과학자들은 고개를 갸우뚱했어. 도대체 하비의 꿍꿍이를 알 수가 없었지. 하비는 십 분이 지나자 과학자들을 앞으로 불러 모았어.

"자, 보십시오. 피의 색이 어떻게 됐습니까?"

과학자들은 빨리 대답을 못 했어. 피가 진한 자주색으로 바뀌어 있었거든.

"자주색으로 바뀌었지요? 동맥의 핏속에 있던 공기가 다 빠져나가 정맥의 피와 색이 같아진 것입니다. 정맥의 피와 동맥의 피를 빼서 밖에 놔두어도 마찬가지입니다. 시간이 지나면 피의 색이 똑같아집니다. 피가 한 종류이기 때문이지요."

과학자들은 쥐 죽은 듯이 조용해졌어. 자기 눈으로 빤히 본 것을 아니라고 말할 수가 없었지. 그때 한 과학자가 자리에서 천천히 일어났어.

"새로운 이론을 생각해 내느라 고생이 많았습니다."

하비는 난데없는 칭찬에 깜짝 놀랐지만 꾸벅 인사를 했어. 자리에서 일어난 과학자는 호프만이었어. 호프만은 유럽에서 가장 유명한 의학자였어. 호프만을 알아본 하비는 얼굴이 붉어졌어.

'저렇게 유명한 사람이 내 말을 믿어 주는구나.'

하지만 기쁨도 잠시, 호프만은 매섭게 하비를 몰아붙였어.

"하비 선생, 선생의 말대로라면 몸에서 정맥과 동맥을 이어 주는 다리 역할을 하는 혈관이 있다는 말씀인가요? 피가 동맥에서 위나 간 같은 조직으로 들어갈 수 있는 중간 혈관으로 갔다가 정맥으로 간다는 말씀이잖습니까. 그런데 그런 중간 혈관은 어디 있습니까? 직접 눈으로 봤습니까?"

하비는 아무 말도 할 수가 없었어. 호프만은 능력 있는 의학자답게 하비의 약점을 정확하게 집어낸 거야.

"그게……. 동맥과 정맥을 이어 주는 혈관은 아직 눈으로 보지 못했습니다. 하지만 심장에서 멀어질수록 동맥은 여러 갈래로 나누어지고 점점 가늘어집니다. 아주 가늘어진 동맥은 각 조직으로 들어가고 거기서 다시 아주 가는 정맥이 나옵니다. 그리고 정맥은 심장에 가까워질수록 굵어지고요. 그래서 저는 그 사이에 아주 가느다란 혈관이 있을 거라고 생각했습니다."

호프만은 고개를 저었어.

"그렇게 멋대로 상상해서 되겠습니까? 과학자라는 사람이 말입니다. 그 사이에 다른 혈관이 있다는 증거를 대지 못했으니 나는 선생의 새 이론을 믿을 수가 없구려."

호프만은 그대로 등을 돌려 밖으로 나갔어. 다른 과학자들도 기다렸다는 듯이 뒤를 따랐어. 강연장에는 겨우 몇 사람만 남아 있었어. 하비는 고개를 떨어뜨린 채 자리에서 꼼짝하지 못했어.

"선생님, 저희는 선생님의 이론을 믿습니다."

하비는 젊은 남자의 목소리에 고개를 들었어. 젊은 과학자들과 의대생 몇몇이 하비 앞에 서 있었어. 모두들 따뜻한 눈으로 하비를 바라보고 있었지.

"선생님, 가느다란 혈관은 지금 기술로 볼 수 없는 것뿐입니다. 기술이 조금만 더 발달하면 발견할 수 있어요. 기운 내십시오. 피가 심장과 정맥, 동맥을 빙글빙글 돈다는 선생님의 이론은 정말로 놀랍습니다."

하비의 눈에 눈물이 핑 돌았어. 앞으로 과학을 이끌어 갈 젊은 과학자들이 자신을 믿어 준다니 모든 설움이 싹 사라졌어.

"고맙네, 고마워. 나가세, 내가 밥을 살 테니. 먹으면서 밤이 새도록 토론을 해 보세."

"네! 그러지요, 선생님. 좋습니다."

하비와 젊은 과학자들은 뿌듯한 마음으로 강연장을 나섰어.

하비의 발견이 사실로 받아들여지는 데는 몇십 년이 더 걸렸어. 하지만 하비는 실망하지 않고 연구를 계속했어. 젊은 과학자들은 하비의 이론을 금세 받아들였고 하비의 연구 방법도 유행처럼 번졌지. 하비는 실험을 해서 사실을 확인했어. 아무 생각이나 무턱대고 믿지 않았단다. 지금은 모든 과학자들이 하비와 같은 방법을 써. 실험을 해서 자신의 생각이 옳다는 것을 밝혀내는 거야. 하지만 그때만 해도 하비는 괴짜 취급을 받았어. 의심이 많은 사람이라 놀림도 받았지. 오랫동안 전해 온 책을 안 믿고 이상한 짓을 벌인다고 말이야. 하지만 하비는 꿋꿋하게 실험을 해서 자신의 눈으로 확인한 사실만 믿었단다. 조금은 어리석어 보이고 시간이 오래 걸려도 말이야.

여행 둘째 날 | 빙글빙글 피가 돌아요

진실이 조금씩 밝혀지는 게 보이니? 힘든 역경을 헤치고 진실을 향해 한 걸음씩 나아가는 과학자들을 보고 있자니 왠지 가슴이 뭉클해지는구나.

뭐? 그런데도 느리기만 한 과정이 답답하다고? 저래서야 언제 사람의 몸에 대해 다 알 수 있겠냐고? 걱정하지 마. 하비가 죽고 나서 더디던 과학의 수레바퀴는 점점 빨라진단다. 그래서 마침내 피가 몸속에서 어떻게 도는지가 알려지게 돼. 끈질기게 의심하던 사람들의 마음도 마침내 돌아서게 되고.

꾸물거리지 말고 얼른 와. 보나보나 박사님의 시간 여행이 또 시작되니까.

마르첼로 말피기(Marcello Malpigi, 1628~1694)

이탈리아의 해부학자. 말피기는 피가 동맥과 모세혈관, 정맥을 빙글빙글 돈다는 사실을 정확하게 밝혀내며, 하비의 혈액순환 이론을 완성하였다. 또한, 핏속의 여러 세포와 신장, 뇌, 식물의 구조 등을 알아내 해부학의 기초를 마련했다.

개구리에서 찾은 빛,
피의 순환을 완성하다

"토마스, 너 또 개구리 잡아?"

"그러게 말이야. 내가 대학에 의학 공부를 하러 들어온 건지, 개구리를 잡으러 들어온 건지 모르겠다니까. 여기에 다 채워 오라셔."

시냇가에서 개구리를 잡던 토마스는 곁을 지나가던 친구 뱅상에게 커다란 자루를 들어 보였어.

"뭘 그리 투덜대. 내가 도와줄게. 같이 잡으면 금방 끝날 거야."

뱅상이 시냇물로 풍덩 뛰어들었어. 토마스도 함께 시냇가를 열심히 뒤졌어. 다행스럽게 개구리가 여기저기 눈에 띄었어. 둘은 말피기의 실험실에서 공부하는 학생들이야. 말피기가 밤낮으로 개구리를 들여다보는 바람에 하루가 멀다 하고 시냇가로 개구리를 잡으러 다니지.

"도대체 교수님은 뭘 연구하시는 거야?"

토마스가 개구리를 손에 쥐며 소리쳤어. 토마스는 이제 연구실에 갓 들어온 터라 말피기의 연구에 대해 잘 몰랐던 거야.

"유명하다고 해서 연구실에 들어왔는데 연구는 안 시키고 만날 개구리만 잡아 오라고 하다니. 실망이야, 실망."

뱅상이 토마스를 보며 킥킥 웃었어.

"이제 겨우 이틀 잡고 엄살은……."

"그렇잖아. 교수님은 말도 제대로 안 해 주시고 하루 종일 개구리 배 속만 보고 계시니 말이야."

뱅상은 투덜거리는 토마스를 다독이며 말을 이었어.

"알았어. 내가 교수님이 하시는 일이 뭔지 알려 줄 테니 화 좀 가라앉히라고."

토마스는 씩씩대며 친구 뱅상의 얼굴을 바라보았어. 토마스는 괜스레 친구에게 화를 낸 것이 쑥스러워 얼굴이 발그레해졌어. 토마스는 조심스럽게 자루를 내려놓고 시냇가에 털썩 앉았어. 자루 속에서 놀란 개구리들이 요란스럽게 울어 대기 시작했어.

"미안. 오늘따라 화가 나지 뭐야. 여기에 앉아."

뱅상은 씩 웃으며 토마스의 곁에 앉았어.

"자, 잘 들어 봐. 너, 하비의 혈액순환설은 알고 있어?"

토마스는 커다란 눈을 끔벅였어. 하비의 혈액순환설은 아주 유명

 여행 둘째 날 | 빙글빙글 피가 돌아요

했기 때문에 당연히 잘 알고 있었어. 토마스는 팔꿈치로 뱅상의 옆구리를 꾹 찔렀어.

"뭐야! 너 나를 뭘로 보냐? 내가 혈액순환설도 모를 것 같아? 피가 심장을 나와 온몸을 돈다는 거 아냐. 그다음 폐로 가서 공기를 품고는 심장으로 돌아와 다시 몸을 돌고. 맞지?"

뱅상은 밝은 얼굴로 말을 이었어.

"그래, 그 혈액순환설 말이야. 그럼 하비가 죽을 때까지 혈액순환설을 완성하지 못한 것도 알겠네."

뱅상의 말에 토마스가 머리를 벅벅 긁었어. 그런 소리는 들어 본 적이 없었거든. 뱅상은 고개를 갸웃거리는 토마스의 옆구리를 보란 듯이 꾹 찔렀어.

"흥이다, 요 녀석아. 정맥과 동맥을 잇는 가는 혈관을 발견하지 못했잖아."

"아~ 그거! 알아. 들어 본 거 같아."

뱅상은 입을 삐죽이며 이야기를 계속했어.

"그때만 해도 현미경이 발달하지 않았으니까 말이야."

토마스는 꼼짝도 하지 않고 뱅상의 말에 귀를 기울였어. 뱅상도 사뭇 진지한 얼굴로 이야기를 계속했어.

"지금은 현미경이 발달했지만, 몇몇 사람들 말고는 현미경으로 동물을 관찰할 생각은 못 했단 말씀이야. 하지만 우리 말피기 교수님이 누구냐! 볼로냐에서 가장 뛰어난 분이란 말이지."

뱅상은 침을 튀기며 말을 계속했어.

"교수님은 현미경으로 동물을 관찰하기 시작했어. 현미경으로 동물을 본 적 있어?"

토마스는 뱅상의 질문에 고개를 휘휘 저었어. 동물을 해부하는 것만도 어려운 일인데 현미경으로 관찰까지 한다니 상상도 할 수 없었지. 뱅상은 토마스의 얼떨떨한 얼굴을 보더니 으쓱해서 떠들어 댔어.

"현미경으로 보면 말이야, 동물의 살이며 피, 혈관까지 정말 크고 자세하게 볼 수 있단 말이야. 손톱 반만 한 혈관이 손바닥만 하게 보인단 말이야."

토마스의 눈이 접시만 해졌어. 토마스는 뱅상에게 바짝 다가앉았어. 그 바람에 개구리를 넣은 자루가 풀어져 버렸어. 토마스와 뱅상은 자루에서 개구리가 폴짝폴짝 뛰어나오는 것도 모르고 이야기에 빠져들었어.

"그게 혈액순환설이랑 뭔 상관이야? 게다가 개구리랑은 뭔 상관이냐고!"

"상관이 있고말고. 암, 있지!"

뱅상은 고개를 끄덕이더니 주위를 살폈어. 뱅상은 토마스의 귀에 대고 소곤거렸어.

"교수님은 말이야, 개구리의 폐를 해부해서 현미경으로 연구하고 계신단 말이야."

"그래? 그래서 뭐? 무엇을 보려고 하시는 건데?"

뱅상은 답답해서 제 가슴을 쿵쿵 쳤어.

"아이고, 이 답답아. 뭘 보려는 건지 몰라서 물어? 바로 정맥과 동맥을 잇는 가는 혈관을 보려는 거잖아."

토마스의 입이 떡 벌어졌어. 토마스는 마른침을 꿀꺽 삼키고 물었어. 아직도 이해하기 힘든 부분이 있었거든.

"그런데 왜 하필 폐야?"

뱅상은 고개를 갸웃거리는 토마스를 보고 한숨을 푹푹 쉬었어. 어디서부터 설명을 해야 친구가 쉽게 이해할지 갑갑했거든.

"아이고! 폐 근처의 혈관이 어떻게 생겼는지 잊어버렸니? 혈관이

심장에서 폐로 들어갔다가 다시 심장으로 나오잖니. 그러니까 심장에서 나오는 혈관인 동맥과 들어가는 혈관인 정맥 사이에 가는 혈관을 찾기에는 폐가 딱 맞는 거야."

토마스는 무릎을 탁 쳤어. 그제야 말피기가 개구리만 들여다보고 있는 이유를 이해했던 거야.

"그랬군! 그랬던 거야. 그래서 교수님은 개구리가 필요하셨던 거구나. 난 그것도 모르고……."

뱅상은 머리를 긁적이는 토마스를 보고 웃음을 터트렸어. 토마스는 자리에서 주섬주섬 일어나 자루를 들었어. 그런데 갑자기 토마스의 얼굴이 흙빛이 되었어.

"뱅상! 큰일이야. 개구리가 한 마리도 없어!"

뱅상도 놀라 자루를 뒤집어 봤어. 아무리 자루를 탈탈 털어도 나오는 것은 먼지와 흙뿐이었어.

"어떻게 하지? 자루가 쓰러지면서 개구리들이 다 도망갔나 봐."

"벌써 어둑어둑해지는데 이를 어째. 교수님이 개구리를 목이 빠지게 기다리고 계실 텐데 말이야."

둘은 자루를 들고 안절부절못했어. 시냇가에는 서서히 어둠이 깔렸어. 해가 지고 있었던 거야. 주위가 어두워지자 개구리들은 신이 나서 울어 댔어. 하지만 너무 어두워서 개구리들을 찾을 수 없었지.

토마스와 뱅상은 울상을 하고 연구실로 터덜터덜 돌아왔어. 말피기의 불호령이 떨어질 걸 생각하니 온몸이 사시나무처럼 떨렸어.

"교수님, 저…… 저희 돌아왔어요."

뱅상과 토마스는 풀이 잔뜩 죽은 채 연구실 문을 열었어. 말피기 교수는 책상에 앉아 열심히 그림을 그리고 있었어.

"왜 이리 늦었나? 한참 기다렸잖아."

말피기는 두 제자를 나무랐어. 뱅상과 토마스는 어깨를 움찔거렸지. 지은 죄가 있으니 말피기의 한 마디 한 마디가 무섭게 들렸어. 말피기는 그림을 그리다 말고 의아한 눈으로 제자들을 보았어.

"왜들 그리 섰어? 어서 와서 이것 좀 봐."

토마스와 뱅상은 쭈뼛거리며 서로의 옆구리를 찔렀어. 매도 먼저 맞는 게 낫다고 말피기가 알아차리기 전에 사실대로 고백할 생각이었지.

"저, 교수님 개구리가요. 저기……."

뱅상이 한 발 앞으로 나와 말을 꺼냈어. 말피기는 기다렸다는 듯이 큰 소리로 말했어.

"어? 벌써 눈치챘나?"

뱅상과 토마스는 어리둥절해서 말피기의 얼굴을 바라보았어. 말피기의 얼굴은 환하게 빛나고 있었어.

"깜짝 놀래 주려고 했는데 말이야. 기뻐들 하게. 내가 드디어 동맥과 정맥을 잇는 가는 혈관을 발견했다네."

말피기는 공책을 들어 보이며 호탕하게 웃었어. 뱅상과 토마스는 눈을 크게 뜨고 공책을 자세히 보았어. 거기에는 두꺼운 정맥과 동맥 사이를 잇는 다리처럼 가는 혈관 그림이 세밀하게 그려져 있었어.

뱅상과 토마스는 가슴을 쓸어내렸어. 지금처럼 말피기의 기분이 좋다면 개구리 때문에 혼나지는 않을 테니까. 게다가 말피기의 오랜 연구가 결실을 맺게 되었으니 이보다 기쁜 일이 없었지.

"교수님, 계속 폐를 보셨지만 확실하지 않다고 하셨잖아요. 갑자기 하루아침에 가는 혈관을 발견하시다니, 어떻게 된 거죠?"

뱅상이 물었어.

말피기는 진지한 제자의 얼굴을 흐뭇하게 바라보며 이야기했어.

"그건 말이야. 오늘 현미경으로 폐를 보다가 문득 그런 생각이 들더라고. 정맥부터 천천히 혈관을 따라 관찰하면 어떨까 하고 말이야. 폐만 잘라서 관찰하니 뭔가 보이긴 하는데 그게 혈관 같기도 하고 아닌 것 같기도 하고 헷갈린 게 아닐까? 뭐 그런 생각이 들더라고. 그래서 폐를 자르지 않고 개구리를 통째로 관찰했지."

"그래서요?"

토마스가 두 눈을 반짝이며 재촉했어. 말피기는 목을 한 번 가다듬고는 다시 말을 이었어.

"그랬더니 폐로 들어가는 정맥이 폐에 가까이 갈수록 점점 가늘어지는 게 아니겠나. 그러더니 아주 가늘고 얇은 혈관 여러 개로 쪼개지는 거야. 그 혈관들이 폐 전체로 퍼져 폐를 감싸고 있더군. 그 가운데 하나를 따라가 보니 폐를 지나서 심장에 가까워질수록 혈관이 굵어지더니 동맥이 되더라고. 어떤가? 재미나지 않나?"

말피기는 침이 튀는 줄도 모르고 자신이 발견한 혈관 이야기를 계속했어. 두 제자도 스승의 발견에 같이 기분이 들떠 재잘거렸어. 그러다 토마스가 문득 떠오른 듯 말피기의 말을 끊었어.

"교수님, 그런데 교수님께서 발견하신 가는 혈관을 뭐라고 부르실 거예요? 계속 가는 혈관, 가는 혈관 할 수는 없잖아요."

말피기는 고개를 끄덕였어. 그도 그럴 것이 사람들에게 가는 혈관에 대해 알리려면 마땅한 이름이 있어야 했으니까. 세 사람은 머리를 맞대고 혈관에 붙일 이름을 생각했어. 부르기 편하면서도 가는 혈관의 모양과 성격이 드러나는 이름이어야 했지.

시간이 흘러 어느새 창밖은 깜깜해졌어. 갑자기 조용한 실험실에 꼬르륵 소리가 요란스럽게 났어. 들뜬 기분에 저녁도 거른 탓이었지. 말피기는 자리에서 일어나 제자들을 잡아끌었어.

"가세. 가서 저녁을 먹다 보면 좋은 생각이 나겠지."

토마스와 뱅상은 씩 웃으며 문을 향했어. 배가 너무 고팠기 때문에 실험대에 놓인 개구리라도 잡아먹을 지경이었지. 막 문을 나서려는데 갑자기 뱅상의 발밑에서 무엇인가가 와그작 소리를 내며 부서졌어.

"뭐지?"

뱅상은 허리를 굽혀 발밑에 부서진 조각을 집었어.

"모세관이잖아!"

모세관은 아주 가늘게 만든 유리관으로 실험에 사용하는 거야. 뱅상의 얼굴이 붉어졌어. 연구실 청소는 토마스와 뱅상의 몫이었거든. 바닥에 모세관이 굴러다닌다는 건 청소를 제대로 안 했다는 뜻이니까.

"죄송합니다. 교수님. 청소를 깨끗하게 한다고 했는데. 어떻게 모세관이 떨어져 있는지……."

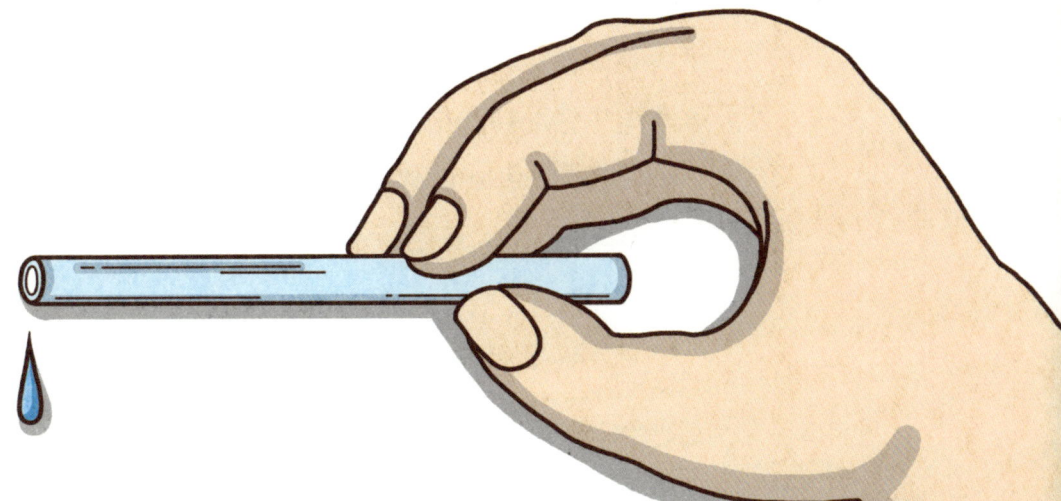

　뱅상은 말피기의 눈치를 보며 말끝을 흐렸어. 하지만 정작 말피기는 뱅상의 말을 듣고 있지 않았어. 어딘가에 정신이 팔린 듯 멍한 얼굴이었지. 그러다 갑자기 말피기가 버럭 소리를 질렀어.
　"그거야! 그거! 이보게나, 좋은 이름이 떠올랐어! 으하하하."
　토마스와 뱅상은 놀란 토끼 눈으로 말피기를 보았어. 말피기는 두 제자의 팔을 잡고 자리에서 빙글빙글 돌았어.
　"모세혈관 어떤가? 모세혈관. 모세관처럼 얇고 가느니까 말일세."
　토마스도 손뼉을 치며 기뻐했어. 뱅상도 싱글벙글 웃었어. 정말 가는 혈관에 딱 어울리는 이름이지 뭐야.
　"가세! 가는 혈관도 봤겠다, 좋은 이름도 지었겠다. 오늘 저녁은 푸지게 먹어 보세나."

셋은 기분 좋게 연구실을 나섰어. 밤공기가 스산했지만 셋은 느끼지 못했어. 모세혈관이 하는 일에 대해 토론하느라 땀이 뻘뻘 날 지경이었으니까.

말피기는 1661년 모세혈관을 발견하고도 연구를 멈추지 않았어. 말피기는 모세혈관이 그물처럼 폐를 감싸고 있는 것을 본 데다가 모세혈관 속에서 천천히 흘러가는 혈액세포까지 알아냈지. 현미경이 있기는 했지만 성능이 형편없었던 걸 생각하면 말피기가 얼마나 연구를 열심히 했는지를 알 수 있을 거야. 말피기는 하비가 죽은 지 4년 만에 혈액순환설의 빈 곳을 전부 메꾸고 피가 몸을 어떻게 도는지 정확하게 밝혀냈어. 덕분에 의학은 빛처럼 빠르게 발달하기 시작해. 그런데, 말피기가 워낙 유명하고 똑똑해서 시기하는 사람들이 많았어. 한번은 말피기를 미워하는 사람들이 말피기의 집에 불을 낸 일도 있었지. 그 불 때문에 평생을 연구한 자료와 현미경, 책들이 모두 불에 타 버렸단다.

하지만 말피기는 포기할 줄 모르는 사람이었어. 어떤 어려움도 어떤 사람들도 말피기의 연구를 막을 수는 없었던 거야. 말피기는 피의 순환 말고도 오줌을 만드는 신장, 뇌, 식물의 구조까지 수많은 것을 알아 냈단다.

빙글빙글 휙휙 피가 돌아요

우리는 세르베투스와 하비 그리고 말피기까지 많은 과학자들 덕분에 피가 어떻게 도는지 알게 되었어. 물론 세 사람 말고도 더 많은 과학자들이 피가 어떻게 흐르는지 알아내려 노력했단다. 가만! 이렇게 가만히 있을 게 아니야. 우리 '고마워요!'라고 크게 한번 외쳐 볼까? 뭐야? 하나도 고맙지가 않다고? 왜? 아하! 피가 어떻게 흐르는지 아직 잘 모르겠다고? 가물가물하단 말이구나. 이해는 안 되는데 굉장히 중요한 것 같긴 하다고? 그 마음 이해해.

그래서 이 보나보나 박사가 피를 따라 떠나는 온몸 여행을 준비했지. 마음 단단히 먹어. 피는 제법 빠르게 흐르니까 롤러코스터 타는 기분이 들지도 몰라.

자, 그럼 출발!

어서 서둘러. 조금 있으면 피들이 여행을 떠날 거야. 가만 보자. 피들이 모두 심실에 모여 있네. 모르는 척 슬쩍 끼여서 같이 여행을 떠나자꾸나. 어라? 그런데 심실이 두 개잖아. 어느 심실로 가야 하는 거냐고? 그거야 우리가 먼저 가 보고 싶은 곳이 어디인가에 달렸지. 팔다리나 몸통에 가 보고 싶니? 아니면 폐에 가 보고 싶니?

"신선한 공기가 있는 폐에 먼저 가 보고 싶어요!"

좋아. 그럼 오른쪽에 있는 심실로 가자. 폐로 여행을 떠나는 피들은 오른쪽 심실인 우심실에서 떠나거든.

"그런데 우심실에 모인 피들은 좀 우울해 보여요. 왠지 피곤해 보이고 얼굴빛도 검어요."

아이고! 애들아. 그런 이야기를 큰 소리로 떠들면 어떻게 하니. 피들이 마음 상해하잖아. 우심실에 모인 피들이 우울해 보이는 건 다 이유가 있어. 우심실에 모인 피들은 몸을 한 바퀴 돌고 심장에 모인 거란다. 몸을 다 돈 피들은 우심방으로 들어오고, 거기서 다시 우심실로 옮겨 온 거란다. 긴 여행을 하느라고 핏속에 있는 산소를 다 써 버렸기 때문에 색이 거무죽죽한 거지.

"아~ 그렇구나. 그런데 피곤하면 좀 쉬면 좋을 텐데 뭐하러 또 폐로 여행을 간다는 거예요?"

그렇게 생각할 수도 있겠구나. 하지만 피는 쉴 수가 없어. 심장이 쉬지 않고 뛰는 거 알고 있지? 심장이 쉬지 않고 피를 뿜어내기 때문에 심장에 연결된 혈관을 흐르는 피도 쉴 수가 없는 거야.

"피들이 너무 불쌍해요. 쉬지도 못하고…… 우리는 따뜻한 곳으로 휴가도 가는데 말예요."

아니야. 불쌍하게 생각하지는 마. 폐로 가는 여행이 바로 피들의 휴가니까. 온몸을 도느라 지치고 배고픈 피들은 폐로 가서 산소를 잔뜩 먹는단다. 그래서 기운을 차리는 거야. 산소를 잔뜩 먹은 피들은 혈색이 발그레해져서 다시 심장으로 돌아온단다.

"다행이네요. 어! 출발하나 봐요. 어서 따라가요."

자, 폐에 오니까 어때? 폐에는 산소가 많지? 기분이 상쾌해지지 않니? 게다가 축축하고 따뜻해서 몸이 편안해지네. 아~ 여행은 잠깐 쉬고 폐에서 좀 자다 가면 안 될까?

"무슨 말씀이세요! 다음 여행이 궁금하단 말이에요."

끙! 할 수 없지. 산소를 배불리 먹은 피들이 폐를 떠나고 있어. 어디로 가는지 따라가 보자. 어이쿠! 아래로 빠르게 떨어지네! 꽉 잡아!

"보나보나 박사님! 정신 차려요."

앗! 깜박 졸았나 보다. 기절한 건 절대 아니란다. 큼큼. 어디까지 이야기했었지? 그래! 피들이 다시 심장으로 돌아왔구나. 그런데 여긴 어디냐고? 어디긴 전에 이야기해 줬잖아. 기억 안 나니? 바로 좌심방

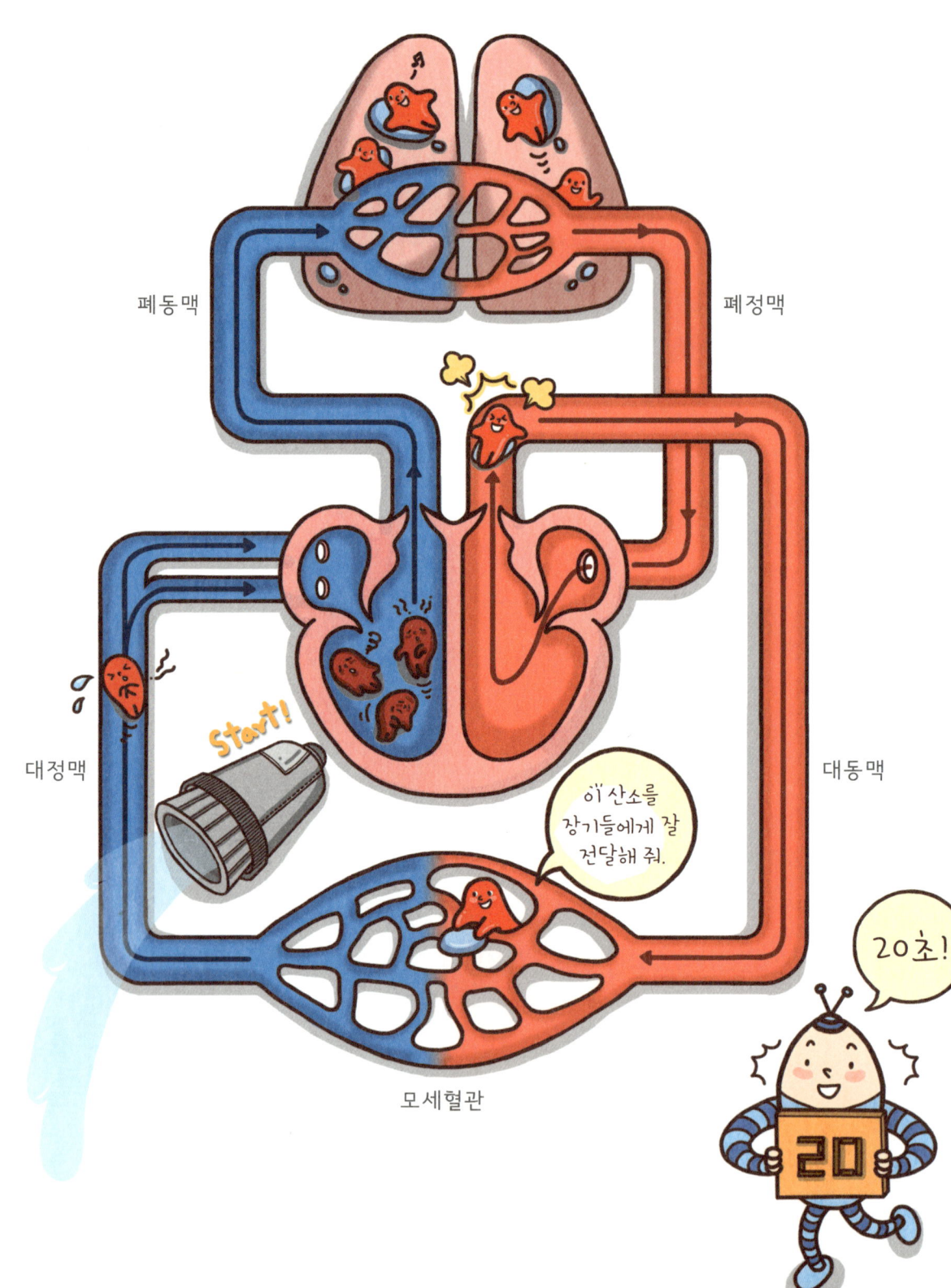

이란다. 그런데 이번 여행이 아주 짧았지? 그래서 심장에서 폐로 떠나는 여행을 소순환이라고 한단다. 폐로 떠나는 여행이라서 폐순환이라고도 하지. 하지만 이 짧은 여행은 아주 중요해. 이미 말했듯이 피들은 폐로 가서 산소를 받아. 그리고 또 한 가지. 몸속 여기저기에서 피한테 떠맡긴 쓰레기들도 폐에 다 버리고 온단다. 그게 뭐냐고? 바로 이산화탄소야. 몸속의 세포들은 이것저것 많은 물질을 만들어 내. 뭔가를 만들다 보면 꼭 쓰레기들이 생기잖니. 그 쓰레기를 피한테 버려 달라고 부탁을 하는 거야. 쓰레기들을 버리는 곳은 몸속에 여러 군데가 있어. 한군데는 폐고 다른 한군데는 오줌을 만드는 신장이란다.

"똥도 있잖아요."

그래. 똥도 몸에서 쓰고 남은 쓰레기들을 모은 거지. 하지만 피가 직접 똥을 만드는 건 아니니까. 그건 다음에 이야기하자꾸나.

피가 직접 쓰레기를 내다 버리는 곳은 폐와 신장이야. 그 가운데 이산화탄소를 가져다 버리는 곳이 폐란다. 피의 음식인 산소를 먹고 몸에서 만든 쓰레기 가운데 하나인 이산화탄소를 내다 버리는 거지. 그래서 폐순환은 아주 중요해. 이제 알았지? 그럼 이제 그만 집에 갈까?

"박사님! 은근슬쩍 이러실 거예요? 몸 한 바퀴 도는 여행이 남았잖아요."

안 속네. 끙! 그래. 그럼 좌심실로 가자. 애들아. 좀 천천히 가자!

자, 이제 좌심실에 도착했다. 폐에서 푹 쉬다 와서 그런지 피들이 생생하지? 좌심실 벽이 힘차게 수축한다. 다들 준비해. 이제 판막이 열리면 대동맥으로 출발할 테니까. 피들이 빨리 여행을 떠나고 싶어서 안달이다. 자, 보렴. 판막이 열리자마자 마구마구 뛰어나오지? 피들이 대동맥 여기저기에 쿵쿵 부딪히는 거 보이니? 대동맥이 무지 힘들겠다.

조심히들 따라와. 이제 혈관이 조금씩 좁아질 거야. 대동맥은 조금씩 가지를 치면서 가늘어져. 대동맥이 동맥으로, 동맥이 소동맥으로 좀 더 가늘어지면서 온몸으로 퍼져 나가는 거야. 그러다가 위나 간, 소장과 대장, 신장 등 다른 기관에 가면 눈에 안 보일 정도로 가는 모세혈관이 된단다. 모세혈관은 그물처럼 장기를 포옥 감싸는데, 모세혈관이 왜 장기를 감싸는 걸까? 모세혈관은 장기가 열심히 일을 할 수 있게 필요한 물건을 날라 주는 역할을 하는 거야. 빠르게 구석구석까지 필요한 물건을 날라 주려면 장기를 고루 감싸고 있어야 하는 거지. 그런데 모세혈관이 날라 주는 물건은 뭘까? 아는 사람?

"아까 이야기해 주셨잖아요. 피가 산소를 나른다고요."

그래. 잘 기억하고 있구나. 모세혈관은 폐에서 가지고 온 산소를 장기에 전해 주고 이산화탄소를 가지고 나온단다. 산소와 이산화탄소 말고도 영양분을 맞교환하기도 하지.

여행 둘째 날 | 빙글빙글 피가 돌아요

"그런데 박사님. 장기를 빠져나오니 혈관이 조금씩 넓어지는 것 같지 않아요?"

눈치가 빠르구나. 그래 혈관이 조금씩 넓어지는 거 맞아. 모세혈관이 소정맥, 소정맥이 정맥으로 조금씩 굵어지는 거야. 그러면서 온몸을 여행하고 심장으로 돌아오는 피들이 우심방으로 모여드는 거야. 그런데 한 가지 문제가 생겨. 아까 우심방에서 만난 피들 기억나니? 너무 지쳐서 기운이 하나도 없었지? 장기를 빠져나와 심장으로 돌아가는 피들은 기운이 빠져서 아주 천천히 걸어. 그러다 보니 가파른 언덕길이 나오면 왔던 길을 다시 되돌아가거나 제자리에 주저앉는 녀석들도 생긴단다. 그런데 피가 흐르지 않으면 큰일이거든. 그래서 정맥은 억지로라도 피들을 움직이게 만들어야 해.

"아! 이제 알았어요. 그게 바로 판막이 하는 일이라는 거죠?"

아이고 똑똑한 녀석들. 하나를 가르치면 열을 아는구나. 어쩜 이렇게 귀여울까. 맞아 맞아. 그래서 팔과 다리에 있는 긴 정맥에는 판막이 있단다. 판막은 피들이 거꾸로 흐르지 못하게 한쪽 방향으로만 열려 있지.

자, 이제 여행이 끝났다. 길고 긴 여행이었지? 하루 종일 돌아다닌 것 같다고? 하하하! 시계를 보렴. 몸을 한 바퀴 도는 데 얼마나 시간이 걸렸는지.

"어? 겨우 20초 조금 넘었어요. 20초밖에 안 걸렸다니 말이 돼요?"

하하하. 신기하지? 우리 보나보나 연구소 기술로 시간을 쭉 늘려서 오래 걸린 것처럼 느껴진 거야. 아무 데서나 할 수 있는 흔한 여행이 아니라니까. 내가 누구냐! 바로 보나보나 박사 아니냐.

피가 몸을 도는 데 걸리는 시간은 겨우 20초 남짓이란다. 정말 빠르지? 피는 하루 종일 심장과 몸을 들락날락해. 얼마나 부지런한지 몰라.

"그럼 하루에 몸을 몇 바퀴나 도는 걸까요?"

음. 아마 4300번도 넘게 왔다 갔다 할걸. 그러니 혈관이 망가지기라도 하면 정말 큰일이지. 그래서 꼭 운동을 해야 하는 거야. 기름기 많은 음식도 너무 먹으면 안 되는 거고. 운동도 안 하고 먹어 대기만 하면 혈관에 노란 지방이 쌓여 꽉 막혀 버리거든. 그렇게 되면 피가 못 움직이니 건강이 나빠지기도 하고 심지어 죽기도 하지. 혈관이 막히면 어떻게 하냐고? 약을 먹으면 돼. 하지만 그걸로 안 될 땐 어떻게 해야 할까? 다행히 심장처럼 인공 혈관이 있단다.

물론 우리 몸속의 혈관처럼 완벽하지는 않아. 인공 혈관은 합성수지로 만들거든. 합성수지를 몸속에 집어넣는다고 생각해 봐. 무슨 일이 일어나겠니? 우리 몸은 아주 똑똑해서 원래 우리 몸 안에 있던 것이 아니면 금방 알아차린단다. 몸 밖에서 들어온 물질은 해로운 거라고 여겨서 공격을 해. 합성수지로 만든 인공 혈관도 마찬가지야. 나쁜 물질로 여긴단다. 그래서 몸을 보호하려고 여러 물질로 인공 혈관을 꽁꽁 싸매. 그럼 무슨 일이 일어나겠니?

"글쎄요? 혈관을 여러 물질이 감싸면 혈관이 좁아지지 않을까요?"

그렇지. 혈관이 좁아진단다. 뭐, 굵은 혈관은 좁아져도 피가 천천히 흘러서 그렇지 별 문제는 안 돼. 하지만 가는 혈관은 어떨까? 혈관이 막혀 버리겠지. 그럼 애써 인공 혈관을 넣어 준 보람이 없잖아. 그래서 과학자들은 다른 방법을 생각해 냈어. 합성수지로 된 혈관에 진짜 혈관 세포를 붙여 주는 거야. 몸을 속이는 거지. 혈관 세포로 인공 혈관을 감싸면 겉에서 보기에는 진짜 혈관 같을 테니까. 하지만 몸을 속이는 건 참 어려운 일이야. 몸은 똑똑하고 눈치도 빨라서 조금만 이상해도 금세 알아챈단다. 그래서 인공 혈관을 잘 만들기는 참 어렵지. 하지만 너희도 잘 알고 있지? 과학자들이 얼마나 끈기가 있는지 말이야. 머지않아 우리 몸에 꼭 맞는 인공 혈관이 나타날 거야! 그때까지 힘내라고 열심히 응원하자꾸나.

아~ 졸리다. 오늘 여행은 여기서 끝! 이제 피가 어떻게 도는지 잘 알겠지? 다들 잘 가. 다음에 보자고!

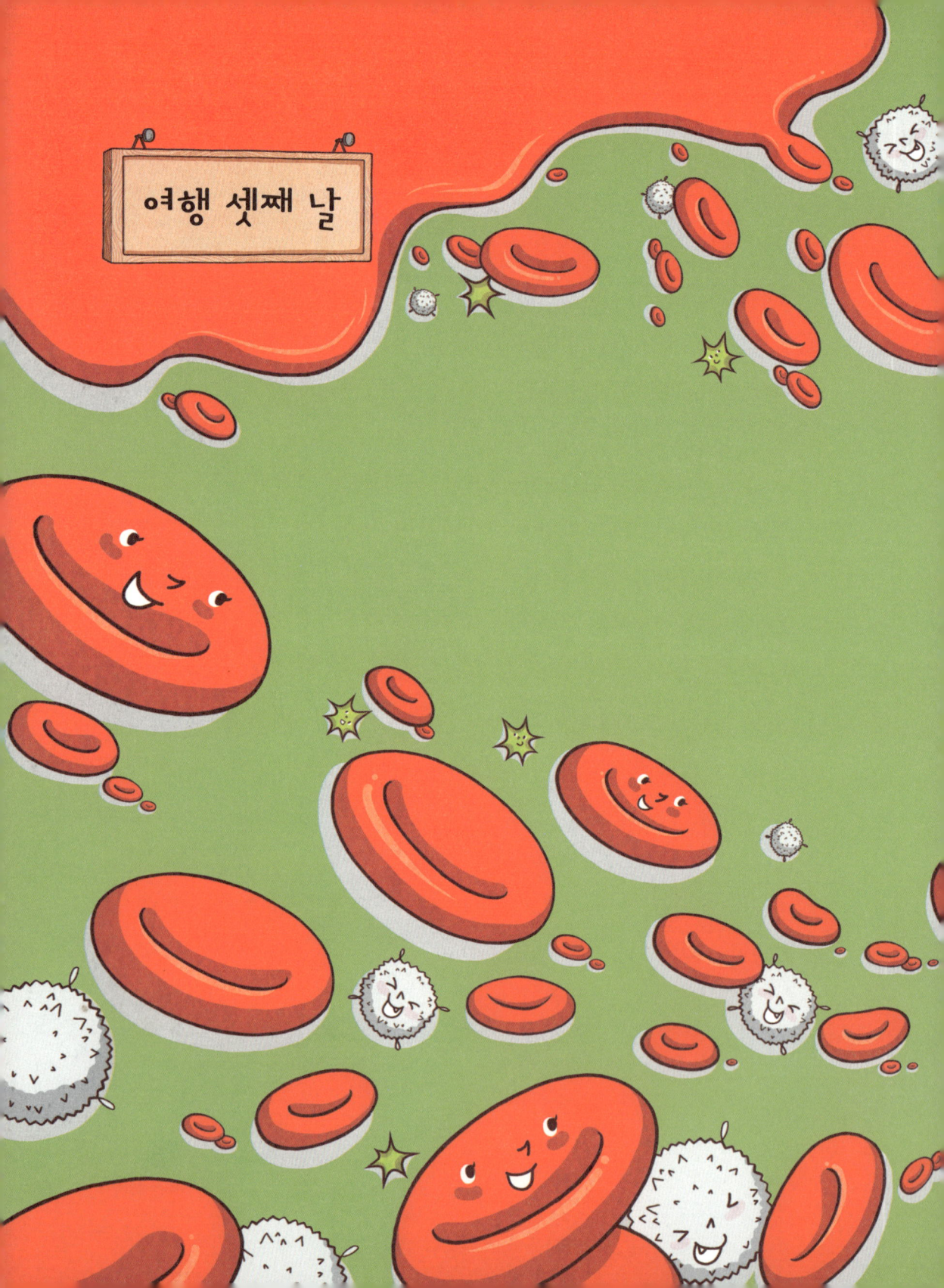

와글와글

오늘도 안녕? 보나보나 연구소에 어서 와. 오늘은 뭐가 궁금하니? 말만 해. 이 보나보나 박사가 다 알려 줄게. 어? 저번에 피들과 함께 여행을 했을 때 핏속에 빨간색 공들과 하얀색 공들이 둥둥 떠 있었다고? 모양이 삐죽빼죽한 게 꼭 터진 공처럼 생긴 것도 있었다고? 아하하! 재미있구나. 공처럼 생긴 것들은 핏속에 있는 세포야. 피는 물 같은 혈장과 혈장 안을 떠다니는 세포로 되어 있거든. 그냥 눈으로 보기에는 진득진득한 붉은 액체인데 생각보다 복잡하지? 좋아. 이왕 이야기 나온 김에 오늘은 핏속에 뭐가 들어 있는지 구경하러 떠나 볼까? 눈에 보이지도 않는 조그만 세포들을 용케 찾아낸 과학자들도 만나러 가 보자꾸나.

핏속에 뭐가 들었지?

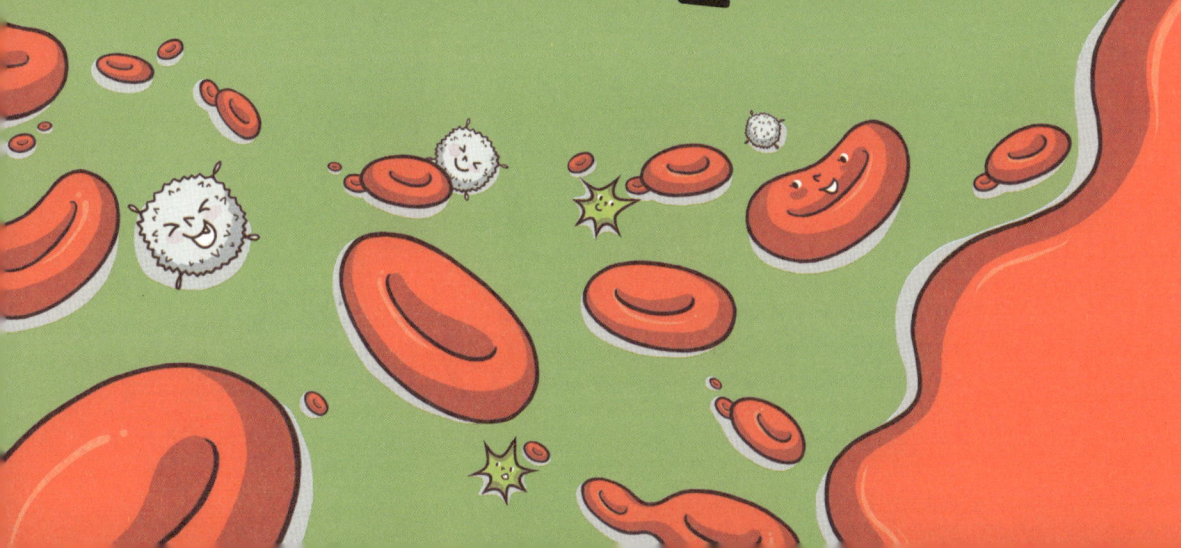

안토니 판 레벤후크 (Anton van Leeuwenhoek, 1632~1723)

네덜란드의 과학자. 독특한 구조의 현미경을 제작해 다양한 종류의 물체를 관찰하였다. 그 중에서 피를 관찰하고는 그 속에 들어 있는 적혈구를 발견했다. 이외에도 적혈구의 크기를 다른 물질과 비교한다거나, 사람과 동물의 적혈구를 비교하기도 했다. 이런 레벤후크의 노력 덕분에 얼마 지나지 않아 적혈구가 산소를 나른다는 사실이 밝혀졌다.

빨간 공들이 둥둥 떠다녀요, 적혈구와 레벤후크

"아빠, 또 밤새셨어요?"

마리아는 걱정이 됐어. 아빠의 얼굴을 보아하니 또 밤새 현미경을 들여다본 모양이었어. 아빠 눈이 새빨간 게 토끼 눈이었거든.

"아빠, 현미경 좀 그만 보시면 안 돼요?"

레벤후크는 딸 마리아의 잔소리에 조용히 웃었어. 마리아가 걱정하는 것도 무리는 아니었어. 레벤후크는 저녁부터 늦은 밤까지 현미경에 파묻혀 지냈어. 현미경을 보느라 저녁밥을 거르기 일쑤였고 새벽녘에야 겨우 잠자리에 들었어.

"알았다, 조심할게. 오늘 아침에는 빵이 아주 고소한데?"

레벤후크는 슬쩍 말을 돌렸어. 아빠의 건강을 걱정하는 마리아가 기특했지만 현미경 보는 걸 그만둘 수는 없었거든. 현미경은 레벤후크에게 큰 위로가 되었으니까. 마리아는 방을 나서는 레벤후크를 보며 고개를 저었어. 마리아도 아빠의 마음을 알고는 있었어.

"불쌍한 아빠. 엄마를 잃고 마음 둘 곳이 없으실 테지."

레벤후크는 서둘러 아래층 옷감 가게로 내려왔어. 몸은 가게에 있지만 머릿속에는 온통 어제 본 현미경 생각뿐이었지.

레벤후크는 아내가 죽고 나서 실의에 빠져 있었어. 그러던 어느 날, 신기한 잡지를 보게 됐어. 《마이크로그라피아》라는 과학 잡지였는데 현미경으로 본 여러 가지 물건의 그림이 잔뜩 실려 있었어.

"어라? 현미경이라는 걸로 보니 물건들이 전혀 다르게 보이는데?"

사랑하는 사람을 잃고 마음 아파하던 레벤후크에게 새로운 세상이 열린 거야. 레벤후크는 그때부터 현미경에 대해 공부하기 시작했어.

레벤후크는 어려서 부모님을 잃었어. 넉넉한 형편도 아니었기 때문에 학교에 제대로 다니지 못했지. 그런 레벤후크에게 현미경은 만만한 물건이 아니었어. 새로 공부해야 할 것도 엄청 많은 데다가 그때만 해도 현미경은 구하기가 어려웠어. 레벤후크의 형편으론 도저히 살 수가 없었지.

"어쩐다지? 현미경을 구해야 관찰을 할 텐데……."

레벤후크는 고민하다 현미경을 직접 만들어 보기로 했어. 그런데 레벤후크는 현미경 그림을 보다 머리를 긁적였어.

"뭐가 이렇게 복잡하게 생겼어? 원리만 같으면 될 것 아냐. 모양이 똑같으라는 법이 어디 있어."

레벤후크는 유리를 잘 갈아서 동그란 렌즈를 만들었지. 손수 만든 렌즈를 네모난 판에 끼우고 관찰할 물체를 끼울 나사까지 달았어. 레벤후크는 자기가 만든 현미경을 흐뭇하게 바라보았어. 손안에 쏙 들어오는 귀여운 모양의 현미경이었지. 레벤후크는 손재주가 아주 좋았던 모양이야. 만들고 보니 돈을 주고 사는 현미경보다 훨씬 더 잘 보였던 거야.

"우와! 조그만 것들이 이렇게 크게 보일 수가. 신기하다, 신기해."

레벤후크는 직접 만든 현미경으로 이것저것 관찰하기 시작했어. 레벤후크의 현미경은 작은 물건들을 200배는 더 크게 볼 수 있었어. 레벤후크는 신이 나서 주위의 물건들을 마구잡이로 관찰했어.

"오늘은 뭘 볼까?"

레벤후크는 방 안을 둘러보다 마시던 물 잔을 보았어.

"그렇지!"

레벤후크는 무릎을 탁 쳤어. 깨끗한 물은 어떻게 보일까 궁금했지. 레벤후크는 유리 슬라이드에 물 한 방울을 떨어뜨려서 현미경에 끼웠어. 현미경을 들여다보려니 가슴이 두근두근했지. 레벤후크는 조심조

심 현미경을 들여다보고는 헉 하고 소리를 질렀어. 겨우 물 한 방울인데 그 안에는 작은 벌레들이 버글버글했어. 작은 벌레들은 바로 세균이었어. 하지만 그때는 세균이 있다는 것조차 알려지지 않았었어. 그러니까 레벤후크가 처음으로 세균을 발견했던 거야.

"윽! 이게 다 뭐야. 징그러워! 더러워!"

레벤후크는 질겁하고 물 잔을 비웠어. 밥맛도 똑 떨어져 버렸지. 고작 물 한 방울 안에 벌레가 저리 많다면 밥 안에는 얼마나 많겠어. 끙끙 앓던 레벤후크의 머리에 갑자기 좋은 생각이 났어.

"그래! 어쩌면 물이 너무 오래돼서 벌레가 생겼는지도 몰라."

레벤후크는 새 물을 관찰했어.

"역시 그랬어. 벌레가 거의 없어!"

레벤후크는 자기의 생각이 옳다는 것에 신이 났어. 레벤후크는 그때부터 연못의 물을 떠서 보기도 하고 머리카락을 뽑아서 보기도 했지. 그러고는 관찰한 것을 그림으로 그렸어. 덕분에 레벤후크의 공책에는 새로운 발견들이 가득했어.

하지만 레벤후크는 유명한 과학자도 아니고 의사도 아니었어. 그래서일까? 아무도 레벤후크의 발견에 관심을 갖지 않았어. 하지만 레벤후크는 상관없었어. 처음부터 다른 사람에게 알리려고 한 일이 아니었으니까. 그저 자신의 행복을 위해 한 일이었어. 레벤후크는 그저 묵

묵히 관찰을 계속했어.

하지만 레벤후크는 관찰을 계속할수록 자신의 배움이 짧은 것이 안타까웠어.

"아! 내가 좀 더 많이 알았다면 얼마나 좋을까. 내가 보고 있는 게 무엇인지 잘 알 수 있었을 텐데. 정말 궁금해. 공부가 하고 싶어."

레벤후크는 고민 끝에 의사 모임에 나가기로 했어. 그곳에서는 의사가 아니어도 해부하는 걸 보거나 의학 강연을 들을 수 있었거든. 레벤후크는 정말 열심히 공부를 했어. 레벤후크는 꾸준한 학습과 실험으로 용기를 얻어 물속에 사는 작은 벌레들에 대해 짧은 보고서를 썼어.

"사람들이 이 보고서를 보고 비웃으면 어떻게 하지?"

레벤후크는 잔뜩 주눅이 들었어. 과학 용어나 의학을 공부한 적이 없는 데다 그동안 가까스로 먹고사느라 책하고는 담을 쌓고 지냈거든. 게다가 레벤후크는 그림을 그리 잘 그리는 편도 아니었어. 레벤후크의 보고서를 본 의사들은 레벤후크를 마구 비웃었어.

"이것 좀 봐. 그림 하고는. 어린아이가 그려도 이것보다는 잘 그리겠어."

"그러게 말이야. 게다가 아무 말이나 마구 써서 뭘 말하려고 하는지 도대체 모르겠다니까."

"진짜 이걸 본 건 맞아? 혼자 지어낸 거짓말은 아닐까?"

하지만 진짜 뛰어난 사람은 뛰어난 사람을 알아보는 법이지. 레벤후크의 보고서를 읽은 의사 가운데 레이니에르라는 의사가 있었어. 레이니에르는 한눈에 레벤후크의 보고서가 아주 훌륭하다는 것을 알아보았어. 글이나 그림은 서툴렀지만 현미경으로 관찰한 것을 아주 자세히 써 놓았지. 게다가 레벤후크의 말이 사실이라면 현미경의 성능도 아주 뛰어났던 거야.

"음, 이 사람을 한번 만나 봐야겠어."

레이니에르는 강연을 들으러 온 레벤후크를 반갑게 맞았어.

"레벤후크 씨, 정말 반갑습니다. 꼭 뵙고 싶었어요."

레벤후크는 유명한 의사가 자신의 보고서를 칭찬하자 기뻐서 어쩔 줄 몰랐어. 그래서 레이니에르에게 현미경을 보여 주었어. 레이니에르는 레벤후크의 현미경을 보고는 얼굴이 붉어졌어. 레벤후크가 관찰한 것들은 여느 의사들의 연구보다 훨씬 뛰어났거든.

"레벤후크 씨. 이런 훌륭한 연구 결과는 많은 사람들에게 알려야 합니다. 선생님의 연구는 과학의 발전에 큰 도움이 될 겁니다."

집으로 돌아 간 레이니에르는 과학자들이 모인 런던 왕립 학회에 레벤후크를 소개했어. 레벤후크의 연구는 왕립 학회를 발칵 뒤집어 놓았지. 레벤후크는 네덜란드의 조그만 옷감 장사에서 갑자기 유명한 사람이 되었어. 너도나도 레벤후크의 현미경을 구경하고 싶어 안달이었지. 하지만 유명해졌다고 달라질 레벤후크가 아니었어. 레벤후크는 여전히 하루 종일 옷감 가게에서 일을 하고 저녁이 되면 현미경으로 연구를 했어.

"도대체 어떻게 하면 레벤후크의 현미경을 구경할 수 있는 거야?"

심지어 어떤 사람들은 레벤후크의 집에 찾아오기도 했어. 그러다 보니 레벤후크의 집은 언제나 사람들로 북적북적했어. 레벤후크는 방문하는 사람들이 점점 많아지자 화가 났어. 쪼개서 연구를 하던 시간마저 빼앗겼기 때문이야.

"이러다간 현미경을 볼 짬이 없어지겠어. 어쩌지?"

레벤후크는 사람들이 우르르 돌아가고 마리아에게 푸념을 늘어놓았어. 유명해진 게 싫은 건 아니었지만 현미경을 볼 시간이 없어서 속이 많이 상했던 거야. 현미경을 들여다보는 시간은 레벤후크에게 무척 소중했으니까. 아빠의 이야기를 듣던 마리아가 조심스럽게 말했어.

"아빠, 그럼 구경 오고 싶은 사람은 미리 연락을 하라고 하면 어떨까요?"

레벤후크의 얼굴이 환해졌어. 정말 좋은 생각이었어. 구경 오고 싶은 사람들을 매몰차게 거절하지 못해서 무척 고민이었거든. 미리 연락만 하고 온다면 현미경 보는 시간도 낼 수 있을 테니까.

"그래, 우리 딸 덕분에 살았다. 그렇게 하면 되겠구나."

　레벤후크는 마리아의 꾀 덕분에 현미경 관찰에 몰두할 수 있었어. 꾸준히 의학 강연을 들은 덕에 새롭게 연구하고 싶은 것도 생겼고 말이야. 레벤후크가 가장 궁금했던 것은 피였어.
　"오늘은 피가 어떻게 보이는지 봐야겠어. 바늘이 어디에 있지?"
　레벤후크는 날카로운 바늘로 손가락을 꾹 찔렀어. 피가 방울방울 맺혔어. 레벤후크는 조심스럽게 피를 유리 슬라이드에 올리고 현미경을 들여다보았어.
　"세상에! 피가 붉은 건 다 이유가 있었구나."
　현미경으로 본 피는 붉은색이 아니었어. 맑은 물처럼 보였어. 그런데 그 안에 빨간 공들이 둥둥 떠다니는 거야. 레벤후크가 빨간 공이라고 말했던 것은 바로 핏속에 있는 적혈구란다. 원래 적혈구는 납작한 도넛 모양인데 레벤후크의 눈에는 동그란 공처럼 보였던 모양이야. 레벤후크는 피에 홀딱 빠져 그 후에도 여러 번 피를 관찰했어. 레벤후크는 적혈구를 그저 관찰하는 데만 그치지 않고 적혈구의 크기를 다른 물질과 비교하기도 했어. 눈에 보이지 않는 적혈구를 사람들에게 이야기하려면 잘 알고 있는 물질과 비교하는 게 좋다고 생각했어.

"뭐랑 비교를 하는 게 좋을까? 옳지! 이게 좋겠다."

레벤후크는 작은 모래알을 피와 함께 올려놓고 크기를 비교했어. 적혈구는 가는 모래 알갱이보다 8000배나 작았지. 그뿐 아니야. 레벤후크는 사람과 크고 작은 동물들의 적혈구를 비교하기도 했어.

"사람보다 큰 동물은 적혈구도 크지 않을까?"

레벤후크는 사람보다 훨씬 작은 동물부터 고래의 피까지 현미경으로 관찰했어. 동물마다 적혈구의 크기가 다를 거라고 생각했지.

"어라? 이상하네. 크기가 거의 비슷하잖아? 그렇다면 덩치 큰 고래는 적혈구가 큰 게 아니라 적혈구를 많이 가지고 있는 거구나!"

의사들은 난리가 났어. 핏속에 적혈구가 있다는 건 상상도 못 했거든. 레벤후크가 묵묵히 좋아하는 일을 한 덕분에 중요한 발견을 한 거야. 레벤후크의 연구로 피가 공기를 나르는 방법에 한 걸음 다가선 셈이었지. 얼마 지나지 않아 적혈구가 산소를 나른다는 사실이 밝혀졌거든.

적혈구가 산소를 어떻게 들었다 놓는지는 레벤후크가 죽은 지 200년이나 지나서 밝혀졌단다. 1860년이 지나서야 적혈구 안에 헤모글로빈이라는 단백질 바구니가 있다는 게 알려져. 헤모글로빈 덕분에 적혈구가 산소를 담아서 나를 수 있는 거야. 이 얘기는 다음에 해 줄게.
그런데 피는 산소와 이산화탄소만 나를까? 아니야. 피는 몸을 건강하게 지켜 준단다. 밖에서 들어온 병균이나 나쁜 물질을 없애 버리는 거지. 산소와 이산화탄소를 나르랴, 나쁜 물질을 없애랴 적혈구는 참 바쁘겠다고? 잠깐! 나쁜 물질을 없애는 일은 적혈구가 하지 않아. 다른 세포들이 한단다. 핏속에 세포가 또 있냐고? 그럼 있고말고. 보나보나 박사를 따라오렴. 이번에는 핏속 하얀색 세포를 보러 가자꾸나.

135

일리야 메치니코프(Elie Metchnikoff, 1845~1916)

러시아 출신의 과학자. 백혈구들이 불가사리 몸에 꽂힌 가시 조각을 먹어 치우는 현상을 관찰한 뒤 '식세포 작용'의 원리를 밝혀냈다. 식세포 작용이란 몸속에 유해한 세균이나 노폐물 등을 식세포(백혈구)가 잡아먹어, 동물이 세균에 대해 면역을 가진다는 것이다. 메치니코프는 이 식세포 작용을 입증한 공로로 1908년 노벨 생리의학상을 받았다.

내 말이 맞다니까!
백혈구 때문에 싸우다

"아빠, 여기 세워요. 빨리요."

메치니코프는 낑낑거리며 전나무를 세웠어. 얼마 후면 크리스마스였거든. 아이들은 크리스마스 장식을 할 생각에 들떠 전나무 주위를 빙글빙글 돌았어.

"와! 멋있어요. 어서 장식해요."

"그래. 어떤 색 구슬을 달까?"

메치니코프는 행복해하는 아내와 아이들을 흐뭇하게 바라보았어. 이탈리아의 시실리 섬으로 이사한 지도 벌써 몇 달이 지났어. 메치니코프는 이제야 가족들이 섬에 마음을 붙인 것 같아 안심이 됐어. 메치니코프는 가족들을 한참 지켜보다 슬그머니 자리에서 일어났어. 연구실을 너무 오래 비웠다 싶었거든. 불가사리에게 밥을 줄 시간이 지났지 뭐야. 메치니코프는 투명한 불가사리 유충의 소화에 대해 연구하고 있었어. 그래서 불가사리를 잘 키우는 게 무엇보다 중요했지.

바스락.

서둘러 자리에서 일어나던 메치니코프의 발밑에 뭔가가 밟혔어.

"뭐지?"

메치니코프는 발을 들었어. 전나무 잎이 여기저기 떨어져 있었어.

"아~ 나무에서 떨어졌구나. 전나무 잎은 뾰족한데. 아이들이 찔리기라도 하면 큰일이야."

메치니코프는 쪼그리고 앉아 전나무 잎을 줍기 시작했어.

"아얏!"

저런, 뾰족한 잎에 손가락을 찔리고 말았지 뭐야. 메치니코프의 손가락은 금세 빨갛게 부어올랐어. 메치니코프는 아픈 손가락

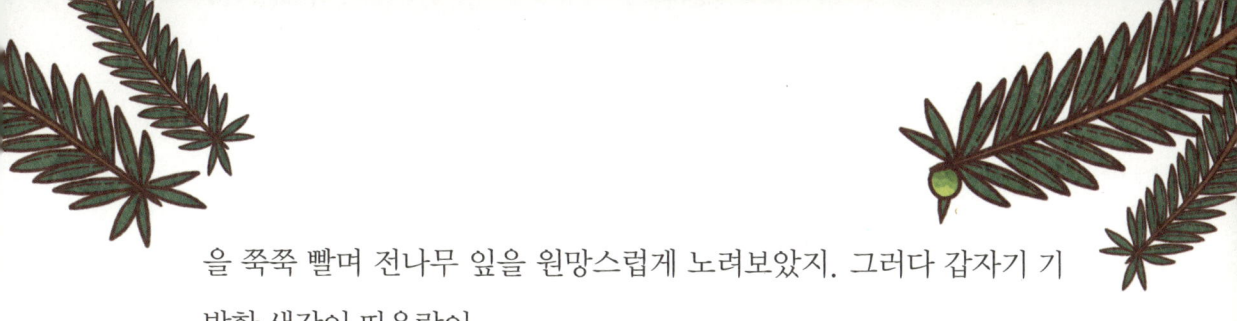

을 쭉쭉 빨며 전나무 잎을 원망스럽게 노려보았지. 그러다 갑자기 기발한 생각이 떠올랐어.

'불가사리에 전나무 잎을 꽂으면 왜 붓는지 알 수 있지 않을까?'

메치니코프가 실험에 쓰던 불가사리는 몸이 투명했어. 그래서 몸 안에서 일어나는 일을 훤히 볼 수 있었지. 메치니코프는 전나무 잎을 얼른 주워서는 실험실로 뛰어갔어. 그러고는 조심조심 불가사리에 전나무 잎을 여러 개 꽂았어.

"미안, 아프지? 하지만 실험을 위해선 어쩔 수 없구나."

메치니코프는 저녁 내내 불가사리를 관찰했지만 아무 일도 일어나지 않았어. 실망한 메치니코프는 화가 나서 잠자리에 들었어.

다음 날 아침, 메치니코프는 여느 때처럼 불가사리를 돌보러 실험실로 갔어.

"잘 잤니? 어디 보자. 별일 없었지?"

메치니코프는 현미경으로 불가사리를 보다 깜짝 놀랐어. 전나무 잎이 꽂힌 상처에 크고 하얀 세포들이 와글와글 모여 있었어.

"어? 이게 뭐야?"

메치니코프는 현미경을 뚫어져라 봤어. 가만히 보니 모여 있는 세포들이 전나무 잎을 둘러싼 다음 꿀꺽 삼켜 버리는 거야. 메치니코프는 눈앞이 환해지는 기분이 들었어.

"이 녀석 재미있는데? 병균과 싸워 없애는 세포인 게 분명해."

메치니코프는 병균을 삼키는 세포에 이름까지 붙여 주었어. 병균을 먹어 치운다고 해서 대식세포라고 이름 붙였지. 그러고는 매일 밤낮 연구에 빠져들었어.

메치니코프의 연구는 조금씩 입소문을 타기 시작했는데 이를 두고 과학자들의 의견이 분분했단다.

"말도 안 되는 소리! 사람의 몸에 병균이 들어가면 백혈구들이 병균을 죽이는 물질을 뿜어내. 그래서 병균이 죽는 거야."

"아니야. 메치니코프의 말에 일리가 있어. 상처가 곪는 게 대식세포가 상처로 들어온 병균을 공격하고 죽은 거라잖아. 앞뒤가 딱딱 맞아떨어지는걸."

과학자들은 두 무리로 나뉘어 싸우기 시작했어. 메치니코프의 말이 옳다고 생각하는 과학자 가운데 파스퇴르가 있었단다. 파스퇴르는 세포가 직접 병균을 죽인다는 메치니코프의 연구를 믿었어. 그래서 메치니코프와 같이 연구를 하고 싶어 했지.

> **백혈구** | 다양한 핏속 세포 가운데 하나야. 몸속에 들어온 나쁜 물질이나 병균을 무찔러 우리 몸을 보호해. 어려운 말로 면역 기능이란 걸 맡고 있지. 백혈구는 크게 호중구, 호염구, 호산구, 단핵구와 대식세포, 림프구 5가지로 나누어져.

 "메치니코프 박사, 프랑스로 오십시오. 파스퇴르 연구소는 세계적으로 유명한 면역 연구소랍니다. 여기서라면 마음껏 연구할 수 있어요."

 메치니코프는 굉장히 기뻤어. 파스퇴르는 상처가 곪거나 병이 걸리는 것이 세균 때문이라는 것을 밝힌 뛰어난 과학자였어. 그런 훌륭한 과학자가 자신을 인정한다니 꿈만 같았지. 메치니코프는 파스퇴르 덕분에 대식세포가 하는 일을 자세히 알아낼 수 있었어.

 "백혈구가 바로 대식세포입니다. 몸 밖에서 들어오는 세균을 발견하면 재빨리 세균을 감싸지요. 세균을 감싼 다음에는 주머니 안으로 세균을 밀어 넣습니다. 세균이 주머니 안에 들어가면 세균을 쪼개는 물질이 나옵니다. 그래서 세균이 소화되어 버리는 겁니다."

1901년, 메치니코프는 이때까지 연구한 결과를 책으로 출간했어. 《감염병의 면역》이라는 책이었어. 이 책은 대식세포가 세균을 죽인다고 생각하는 세포파와 백혈구에서 만든 물질이 세균을 죽인다는 체액파의 싸움을 부추기고 말았어. 그 당시 세균을 연구하는 연구소 가운데 파스퇴르 연구소와 독일의 코흐 연구소가 유명했어. 경쟁자였던 두 연구소는 예전부터 사이가 좋지 않았는데, 메치니코프의 연구가 두 연구소의 자존심 싸움에 기름을 부은 거야.

　"우리 파스퇴르 연구소야말로 세균에 대해서는 일등이야."

　"무슨 소리! 코흐 연구소가 가장 뛰어난 연구소야. 파스퇴르 연구소는 실력이 없어."

코흐 연구소에는 에를리히라는 과학자가 있었어. 에를리히는 투명한 백혈구를 염색해서 아주 유명해졌지. 수도 적고 잘 보이지 않아 관심을 끌지 못하던 백혈구 연구가 에를리히 덕분에 활발해졌던 거야. 에를리히는 메치니코프의 연구에 대해 어떻게 생각했을까?

　"나는 메치니코프 박사의 생각에 찬성할 수 없습니다. 염색을 해 보니 백혈구의 종류는 세 가지였습니다. 백혈구의 역할이 몸 밖에서 들어온 세균을 물리치는 것이라는 생각은 맞습니다. 하지만 방법이 잘못됐습니다. 만약 세포가 직접 세균을 잡아먹어서 세균을 물리쳐야 한다면 몸 전체로 퍼진 세균은 어떻게 잡겠습니까."

　과학자들은 당황했어. 우왕좌왕하던 과학자들은 에를리히에게 물었어.

　"그럼 에를리히 박사님은 어떻게 생각하십니까?"

　에를리히는 안경을 추켜올리며 단호하게 말했어.

　"세균이 우리 몸에 들어오면 독소를 뿜어냅니다. 그럼 몸은 어떻게

할까요? 가만히 앉아 당하고만 있을 수는 없지요. 이럴 때 백혈구가 나서는 것입니다. 독소에 맞서는 항체를 만드는 겁니다."

과학자들은 고개를 끄덕였어. 에를리히의 말이 그럴듯했거든.

"그럼 박사님은 대식세포가 직접 잡아먹는 게 아니라 백혈구가 세균을 죽이는 물질을 만든다고 생각하시는 겁니까?"

"그렇습니다. 저는 세균을 죽이는 물질을 항체라고 부릅니다."

에를리히의 이야기를 들은 메치니코프는 기분이 나빴어. 분명 눈으로 확인한 걸 틀렸다고 하니 기가 막혔지. 하지만 에를리히도 물러서지 않았어. 메치니코프를 막무가내로 비판한 게 아니었거든.

메치니코프와 에를리히는 팽팽하게 맞섰어. 서로 조금도 물러설 생각이 없었지. 그런 데다 둘의 뒤에는 파스퇴르 연구소와 코흐 연구소가 있었어. 두 연구소는 서로를 죽일 듯이 헐뜯었고 덩달아 두 연구소를 지지하는 과학자들도 두 패로 갈렸어.

"대식세포가 맞아."

"아니야. 항체가 맞아!"

과학자들의 토론은 점점 심해져 감정싸움으로까지 번졌어. 그 때문에 에를리히와 메치니코프는 모두 괴로운 시간을 보냈어. 특히 예민하고 몸이 약했던 메치니코프는 심각했어. 체액파의 협박과 갖은 욕설에 몸과 마음이 지쳤던 거야.

"이제 그만들 했으면 좋겠어. 입맛도 없고 잠도 안 와. 살고 싶은 생각이 안 들어."

메치니코프는 몇 번이나 병원에 실려 가기도 했단다. 얼마나 마음고생이 심했는지 알 만하지.

1908년, 노벨상위원회는 두 사람 모두에게 노벨 생리의학상을 주었어. 두 사람의 연구 결과를 모두 인정한 거야. 하지만 과학자들의 싸움은 끝나지 않았지. 프랑스의 과학자들은 여전히 에를리히를 인정하지 않았고, 독일의 과학자들은 메치니코프를 미워했단다. 싸움은 20년이나 계속됐어.

그런데 과학자들은 어떻게 싸우는지 알고 있니? 주먹으로 때리냐고? 발로 차냐고? 아니야. 과학자들은 실험으로 싸운단다. 과학자들은 자기가 옳다는 걸 밝히기 위해 열심히 실험을 해. 그래서 누가 이겼냐고? 싸움이 어떻게 끝났냐고? 재미있게도 싸움을 끝낸 사람은 메치니코프도 에를리히도 아니었어. 미국 과학자인 라이너스 폴링이었어.

라이너스 폴링은 어느 쪽 편도 들지 않았단다. 메치니코프와 에를리히의 연구를 냉정하게 되돌아보았어. 라이너스 폴링은 두 과학자의 연구가 다 옳을지도 모른다고 생각했어. 그리고 그 생각은 딱 들어맞았단다.

"역시 내 생각이 맞았어! 둘 다 맞아. 대식세포는 세균을 잡아먹는 식세포 작용을 해. 하지만 항체를 만들게 도와주기도 하는구나. 에를리히도 틀린 건 아니야. 백혈구가 항체를 만드는 건 사실이야. 하지만 모든 백혈구가 항체를 만든다는 에를리히의 생각은 틀렸어. 한 종류의 백혈구만 항체를 만들어. 게다가 에를리히는 다섯 종류의 백혈구 가운데 세 종류밖에 발견하지 못했구나."

오래된 싸움이 마침내 끝났어. 어차피 그럴 거 처음부터 사이좋게 연구했으면 좋았겠다고? 그렇긴 하지만 싸움이 헛된 건 아니었어. 싸움을 하면서 백혈구의 종류와 생김새, 하는 일이 속속들이 밝혀졌으니까 말이야.

메치니코프와 에를리히를 만나 보니 어땠어? 싸움 구경이 재미있었다고? 어이쿠! 혹시 싸움 구경하느라 백혈구를 잊어버린 건 아니겠지? 어? 그런데 너희 어디 가? 아직 피에 대해 공부할 게 더 남았는데. 이제 겨우 맛보기였을 뿐, 피에는 또 다른 비밀이 숨어 있단다.

이번에는 혈액형을 알아낸 사람을 만나러 갈 거야. 피에 여러 종류가 있는 건 알고 있지? 이 보나보나 박사는 A형이란다. 뭐라고? 소심하겠다고! 혈액형은 성격을 알아보라고 있는 게 아니야. 그럼 뭣 때문에 혈액형이 있냐고? 따라와. 혈액형이 뭔지 알아보러 가자꾸나.

칼 란트슈타이너 (Karl Landsteiner, 1868~1943)

오스트리아 출신의 의학자. 사람의 적혈구가 다른 사람의 적혈구와 만나면 깨져 서로 뭉친다는 사실을 우연히 발견하고, 그 이유를 찾기 위한 연구에 몰두한다. 마침내 혈액에 두 종류의 단백질이 있다는 사실을 밝혀냈고, 단백질 종류에 따라 A형, B형, O형으로 분류했다. 이로써 현대 의학 치료법에 새로운 장이 열리게 되었고, 그 공로를 인정받아 1930년에는 노벨 생리의학상을 받았다.

뭔가가 이상해. 사람마다 피가 다 다르다면 수혈을 할 수가 없지. 전부 죽을 테니까. 그렇다면 같은 사람도 있다는 건가?

나는 다리 밑에서 주워 왔대요
혈액형이 달라!

"의사 선생님! 의사 선생님! 환자가 이상해요!"

드니 선생은 환자에게 뛰어갔어. 환자는 정신병이 있는 사람이었어. 드니 선생이 벌거벗은 채로 거리를 뛰어다니던 환자를 병원으로 데리고 온 거야. 드니 선생은 환자의 피를 뽑고 그 대신 송아지의 피를 수혈했단다. 그때만 해도 동물의 피를 수혈하면 정신병을 고칠 수 있다고 믿었거든. 좀 어이가 없지?

"어떻게 된 일이오?"

드니 선생은 환자의 아내에게 물었어. 환자의 아내는 울며 말했어.

> **수혈** | 빈혈이나 다른 치료를 위해 건강한 사람의 피를 환자의 혈관에 넣는 거야.

"잘 모르겠어요, 갑자기 열이 펄펄 끓더니 배가 아프대요."

드니는 침대에서 데굴데굴 구르는 환자를 진찰했어. 온몸이 펄펄 끓고 있었어. 환자가 어찌나 땀을 흘렸는지 침대는 푹 젖어 있었지. 게다가 환자는 시커먼 오줌까지 눈 게 아니겠어. 드니는 시커먼 오줌을 보고는 어쩐 일인지 환하게 웃었어.

"걱정 마세요. 이 검은 오줌 좀 보세요. 이게 바로 환자를 미치게 했던 나쁜 물질이 나온 겁니다. 이제 환자의 정신병은 다 고쳐졌어요."

드니 선생의 말대로 환자의 정신병이 나았을까? 어떻게 생각해? 당연히 환자의 정신병은 낫지 않았고 절망한 환자와 환자의 아내는 죽고 말았단다.

지금 보기에는 너무 어이없지만 17세기 초까지만 해도 의사들은 피에 대한 정확한 지식이 없었어. 그래서 아무 피나 잘 섞어서 수혈을 하면 병이 나을 거라고 믿었단다. 그 때문에 수혈을 받은 많은 사람들이 죽었어.

"더 이상 수혈을 하면 안 됩니다."

"수혈은 사람을 살리는 게 아니고 죽이는 겁니다."

1669년, 급기야는 수혈이 금지되었지. 더 이상 죽어 가는 사람들을 보고만 있을 수는 없었던 거야.

다시 수혈이 시작된 건 그로부터 150년이 지나서야.

"선생님. 제 아내를 살려 주세요. 이대로 죽게 할 수는 없습니다."

젊은 아빠는 갓난아기를 안고 눈물을 흘렸어. 아내가 아기를 낳다 피를 너무 많이 흘린 거야. 블런델 선생은 망설였어. 어떤 약도 피를 만들 수는 없었거든. 이렇게 피를 많이 흘린 사람을 살릴 방법은 수혈뿐이었지만 수혈은 여전히 금지되어 있었어.

"방법이 있긴 한데······."

아기 아빠는 블런델 선생의 팔을 꽉 잡았어.

"어떤 방법이라도 좋아요. 살려만 주세요."

블런델 선생은 아기와 아기 아빠를 번갈아 보았어. 아기는 제 엄마가 죽어 가는지도 모르고 곤히 잠들어 있었지. 블런델은 아기가 불쌍해서 견딜 수 없었어.

"좋습니다. 한번 해 봅시다."

블런델은 아기 아빠와 산모의 혈관에 긴 주사기를 꽂고 아기 아빠의 피를 산모에게 흘려보냈어. 얼마나 지났을까. 아기 엄마의 얼굴이 발그스레해지면서 생기가 돌았어. 블런델 선생은 재빨리 주사기를 뽑고 환자를 진찰했어. 산모는 가빴던 숨도 고르게 쉬고 심장도 잘 뛰었어.

"다행입니다. 이제 살 수 있을 것 같아요. 희망이 보입니다."

조금 지나자, 정신을 잃었던 아기 엄마가 눈을 떴어. 블런델 선생은 아기를 안고 기뻐하는 부부를 두고 조용히 병실을 빠져나왔어.

블런델 선생이 수혈을 했다는 소식은 금세 영국에 퍼졌어. 영국뿐이었겠어. 유럽의 의사들은 너도나도 수혈을 하기 시작했단다. 하지만 이번에는 아주 조심스럽게 수혈을 했어. 동물의 피를 마구잡이로 집어넣지도 않았어. 병균이 들어가지 않게 주사기도 꼼꼼하게 소독했단다. 하지만 여전히 수혈을 하다 죽는 사람이 있었어. 의사들은 이해할 수가 없었어.

"왜 이럴까? 왜 어떤 사람은 수혈로 살아나고 어떤 사람은 심하게 앓다가 죽는 걸까?"

칼 란트슈타이너도 수혈에 의심을 품고 있었어. 란트슈타이너는 비엔나의 연구소에서 항체를 연구하고 있었는데, 항체를 연구하기 위해 피를 액체 성분인 혈청과 고체 성분인 적혈구로 나누어 실험하곤 했어. 그러던 어느 날, 바쁘게 실험을 하던 조교 한 명이 어처구니없는 실수를 했지 뭐야.

> **혈청** | 피에서 적혈구나 백혈구 등을 뺀 액체를 말한단다. 혈청에는 여러 종류의 항체가 들어 있어.

여행 셋째 날 | 와글와글 핏속에 뭐가 들었지?

"에구구! 이걸 어쩐다…….."
"무슨 일인가?"
"박사님, 죄송합니다. 제가 개의 혈청과 적혈구를 섞는다는 걸 실수로 양의 적혈구와 섞었어요."

란트슈타이너는 조금 짜증이 났어. 실험은 정확한 게 가장 중요했거든. 하지만 이왕 벌어진 일을 어쩌겠어.

"음, 조심하지 그랬나. 할 수 없지. 다시 할 수밖에. 다음에는 실수하지 말게나."

조교는 란트슈타이너의 눈치를 보며 땀을 찔찔 흘렸어. 란트슈타이너는 조용한 성품이었지만 한번 화가 나면 무척 무서웠거든. 조교는 서둘러 시험관을 치웠어. 조교를 못마땅하게 바라보던 란트슈타이너의 눈이 갑자기 반짝였어. 이상한 게 눈에 띄었던 거야.

"잠깐 그 시험관 좀 줘 보게."

란트슈타이너는 시험관을 찬찬히 살폈어. 시험관 밑에 불그죽죽한 덩어리가 가라앉아 있었어. 무엇 때문인지 양의 적혈구가 깨져 버린 거야. 란트슈타이너는 고개를 갸웃거렸어.

"서로 다른 동물의 피가 섞여서 적혈구가 깨진 걸까? 참 이상하네. 이상해."

란트슈타이너는 시험관을 들고 방으로 돌아왔어. 뭔가가 머릿속에서 떠오를 듯 가물가물했어.

"죽은 사람들이 검은 오줌을 누는 게 혹시 잘못된 수혈로 적혈구가 깨져서는 아닐까? 그렇다면 사람마다 피가 다른 걸지도 몰라. 서로 다른 피가 섞여서 적혈구가 깨지는 거지."

란트슈타이너는 고개를 저었어.

"뭔가가 이상해. 사람마다 피가 다 다르다면 수혈을 할 수가 없지. 전부 죽을 테니까. 그렇다면 같은 사람도 있다는 건가?"

란트슈타이너는 끙 소리를 냈어. 워낙 꼼꼼한 성격이라 풀리지 않는 일이 있으면 다른 일이 손에 잡히지 않았거든. 란트슈타이너는 책상에 가지런히 놓인 실험 노트를 쭉 훑어보았어. 실험 결과들이 보기 쉽게 여러 묶음으로 묶여 있었어.

"실험 결과 정리해야 하는데. 아, 마음이 들떠서 집중이 안 돼."

 여행 셋째 날 | 와글와글 핏속에 뭐가 들었지?

란트슈타이너는 한숨을 쉬다 말고 멈칫했어. 좋은 생각이 떠올랐거든.

"맞아! 여러 묶음이라! 혹시 사람마다 피가 다 다른 게 아니라 몇 묶음으로 되어 있는 게 아닐까? 종류가 몇 가지 있을지도 몰라."

란트슈타이너는 실험 노트를 펼쳤어. 연필을 꺼내 들고는 떠오른 생각을 정신없이 써 내려갔어.

"자, 보자. 만약 피가 몇 가지 종류로 나눠진다면 서로 다른 종류의 피가 섞였을 때 적혈구가 깨지고 검은 오줌을 누는 거야. 운이 좋아 같은 피를 수혈했다면 멀쩡하겠지. 이걸 어떻게 증명한다?"

란트슈타이너의 손놀림이 빨라졌어. 새로운 사실을 알아냈다는 생각에 가슴이 두근거렸어.

다음 날 아침, 란트슈타이너는 조교들을 불러 모았어.

"박사님이 왜 모이라고 했는지 알아?"

"야! 너 또 뭐 잘못했지!"

실험실에 모인 조교들은 무슨 일인지 몰라 우왕좌왕했어. 문이 열리고 란트슈타이너가 들어왔어. 조교들은 입을 꾹 다물고 눈만 대굴대굴 굴렸어. 마침내 란트슈타이너가 입을 열었어.

"여러분, 제가 오늘 모이라고 한 이유는 새로운 실험을 하기 위해서입니다."

란트슈타이너는 침을 꿀꺽 삼켰어. 마음이 들떠서 자꾸만 입이 말랐어.

"여러분도 수혈로 많은 사람들이 죽었다는 건 알고 있지요?"

"네."

조교들은 영문을 몰라 란트슈타이너를 뚫어져라 쳐다봤어.

"저번에 실수로 양의 피와 개의 피를 섞은 일이 있었지요?"

실수를 했던 조교의 얼굴이 붉게 달아올랐어. 란트슈타이너는 웃으며 말을 이었어.

"그때 우연히 적혈구가 깨지는 것을 보았어요. 그래서 생각했지요. 혹시 수혈할 때 서로 다른 피가 섞여서 사람들이 죽는 게 아닐까 하고요. 사람의 피에 몇 가지 종류가 있다고 말입니다."

조용했던 실험실이 발칵 뒤집어졌어. 누구도 생각하지 못한 일이었어. 하지만 란트슈타이너의 말에 일리가 있었어.

"박사님! 대단하십니다. 어떻게 그런 생각을 하셨어요?"

"우리가 뭘 도와 드리면 되죠?"

"말씀만 하시면 뭐든 도와 드릴게요."

란트슈타이너는 눈물을 글썽였어. 자신을 믿어 주는 실험실 사람들이 고마웠지. 란트슈타이너는 준비했던 주사기와 시험관을 실험대

 여행 셋째 날 | 와글와글 핏속에 뭐가 들었지?

에 내려놓았어.

"우선, 피가 조금 필요해요. 우리의 피를 뽑아 혈청과 적혈구로 나누고 서로 다른 사람의 피를 섞어 보는 겁니다."

양의 피를 섞었던 조교가 큰 소리로 말했어.

"그렇군요. 다른 사람의 혈청과 적혈구를 섞어서 적혈구가 깨지나 안 깨지나 보면 되겠군요."

"그렇지. 만약 적혈구가 깨지면 두 사람의 피는 다른 종류일 거고, 안 깨지면 같은 종류일 거야. 조합을 다르게 해서 섞으면 피가 몇 가지 종류인지 알 수 있겠지.

란트슈타이너의 말에 조교들은 서둘러 피를 뽑았어. 조교들은 각자의 피를 혈청과 적혈구로 나누고 조금씩 덜어 피를 섞었어. 그러고는 모두들 숨을 죽이고 결과를 기다렸지. 몇 분이 지나자, 실험실은 사람들의 숨소리만 들릴 뿐 쥐 죽은 듯 고요해졌어.

"보세요! 검은 덩어리가 생겼어요."

란트슈타이너와 조교들은 기뻐서 소리를 질렀어. 란트슈타이너는 찬찬히 시험관을 둘러보며 결과를 정리했어. 가만히 보니 다른 사람의 혈청을 섞은 란트슈타이너의 적혈구에는 아무런 덩어리도 생기지 않았어.

"자, 섞어서 덩어리가 생긴 사람끼리 묶어 봅시다."

란트슈타이너는 덩어리가 생긴 경우를 잘 살펴보았어. 뭔가 규칙이 있는 것 같은데 알 수가 없었지. 조교들과 란트슈타이너는 결과를 보며 고민에 빠졌어. 몇 시간이 지나고 해가 뉘엿뉘엿 저물 때까지 아무도 규칙을 찾아내지 못했어. 란트슈타이너는 이마를 찌푸리며 자리에서 일어났어. 언제까지나 시험관만 보고 있을 수는 없는 노릇이었지.

"자, 자. 오늘은 이만합시다. 다들 수고했어요. 집에 갑시다. 가서 푹 자고 나면 좋은 생각이 떠오를 겁니다."

란트슈타이너는 답답해 미칠 노릇이었어. 그러다 자신의 적혈구를 넣은 시험관에는 덩어리가 생기지 않았다는 생각이 떠올랐어. 란트슈타이너는 잘 다듬은 수염을 배배 꼬았어.

"그렇구나!"

란트슈타이너는 갑자기 떠오른 생각에 소리를 질렀어. 너무 흥분한 나머지 수염이 왕창 뽑혀 버렸지. 란트슈타이너는 욱신거리는 코밑을 쓱쓱 문질렀어.

"적혈구에 어떤 물질이 붙어 있는 거야. 그래서 다른 사람의 혈청과 반응을 하면 적혈구가 터져 버리는 거지. 항체는 내 몸의 물질이 아니면 병균이라고 생각하니까 말이야. 내 적혈구에 덩어리가 생기지 않은 걸 보면 어떤 물질도 붙어 있지 않은 적혈구도 있는 것일 테고."

란트슈타이너는 또다시 콧수염을 배배 꼬았어.

"그렇다면 적혈구에 붙어 있는 물질이 여러 가지라는 건데……."

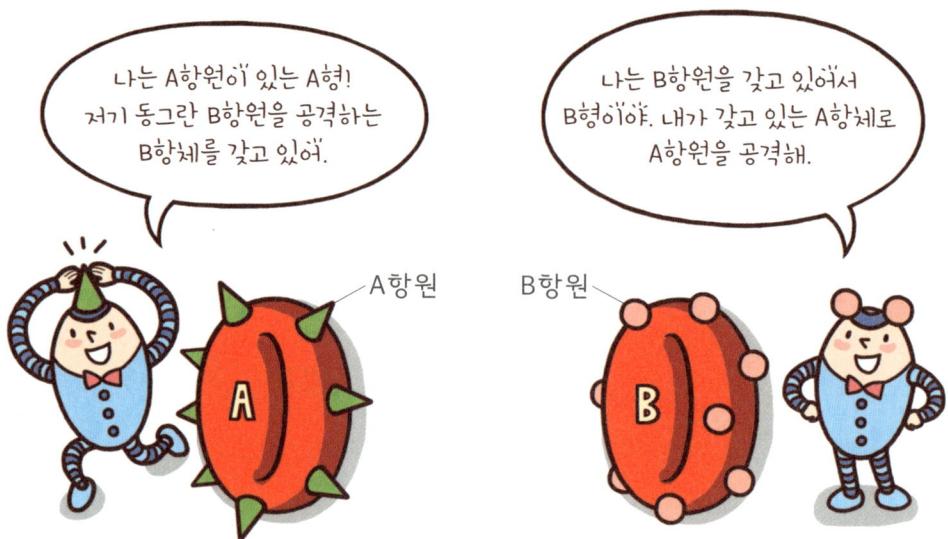

　란트슈타이너는 콧수염이 자꾸 뽑히는 줄도 모르고 하염없이 걷고 또 걸었어. 하지만 아무리 수염을 뽑아도, 아무리 걸어도 수수께끼는 풀리지 않았어.

　"겨우 몇 명 가지고는 뭐가 뭔지 모르겠어. 피가 더 필요해."

　란트슈타이너는 옆 실험실 사람들의 피는 물론이고 병원에 온 사람들의 피와 친구들의 피까지도 얻으러 다녔어.

　그렇게 일 년이 지나고, 마침내 란트슈타이너는 피의 비밀을 풀게 되었어. 적혈구에는 두 종류의 단백질이 붙어 있어서 사람마다 혈액형이 달랐던 거야. 이 단백질들을 항원이라고 불러. 란트슈타이너는 항원에 A와 B란 이름을 붙였어. 적혈구에 A항원이 있는 사람은 B항원

이 들어오지 못하게 막는 B항체가 있어. 그래서 B항원을 가진 사람의 피를 수혈하면 B항체가 적혈구를 공격해서 터뜨렸던 거야.

"그런데 박사님, 항원은 두 개인데 혈액형은 왜 세 가지예요?"

란트슈타이너의 논문을 읽던 조교가 물었어. 란트슈타이너는 자분자분하게 설명을 했어.

"그야, 적혈구에 항원이 없는 사람도 있으니까. 예를 들면 나 말일세. 처음 피를 섞었을 때 내 피에는 덩어리가 생기지 않았지? 내 적혈구에는 항원이 없으니까 A항체나 B항체와 섞여도 덩어리가 생기지 않았던 거야. 하지만 거꾸로 내 혈청에 A항원이나 B항원을 넣으면 덩어리가 생기지. 그건 내 적혈구에는 항원이 없지만 혈청에는 A, B 항

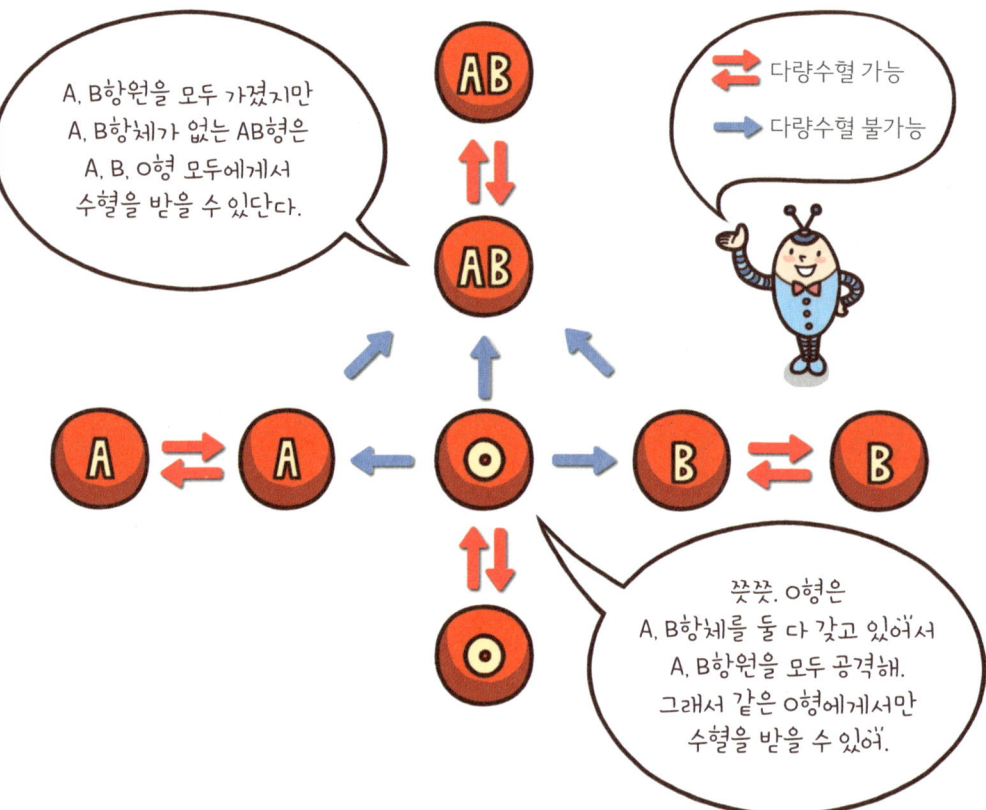

체가 모두 있기 때문이야."

"아~ 그렇군요. 그래서 혈액형을 A, B, O형이라고 하신 거군요."

"그렇다네. A항원이 있는 적혈구를 가진 사람은 A형, B항원을 가진 사람은 B형이지. 그리고 나처럼 항원이 없는 사람은 O형이고. 처음에는 C형이라고 할까 하다가 아무래도 너무 복잡해서 말일세."

란트슈타이너의 발견 덕분에 사람들은 마음 놓고 수혈을 할 수 있었어. 혈액형이 발견되기 전까지 수혈을 하고 살아남은 사람은 운이 아주 좋은 거였어. 그도 그럴 것이 열 명 가운데 일고여덟 명은 죽었거든.

란트슈타이너는 혈액형을 발견하고도 쉬지 않고 연구를 했어. 피에 항원이 더 있을 거라고 생각했었거든. 얼마 안 있어 AB형이 발견되었지. AB형은 어떤 피일까? 한번 생각해 보렴. AB형에는 어떤 항원이 있을까? 그래. A, B항원을 모두 가졌단다. 대신 A항체와 B항체 모두 없어. 만약 있다면 몸 안에서 자기 적혈구를 깨뜨릴 테니까 말이야.

란트슈타이너는 이 ABO식 혈액형을 발견하고도 연구를 멈추지 않았는데, 얼마 후 Rh식 혈액형을 알아냈지.

여기서 질문 하나! 지금까지 알려진 혈액형은 모두 몇 종류일까? 열 개? 스무 개? 지금까지 알려진 혈액형은 자그마치 32개란다. 게다가 지금도 계속 더 발견되고 있어. 뭐가 그리 많냐고? 32개 혈액형에 다 맞추려면 수혈은 꿈도 못 꾸겠다고? 너무 걱정하지는 마. 아주 희귀한 사람 빼고는 수혈은 ABO식과 Rh식 혈액형에 맞추면 된단다.

Rh식 혈액형 | 1940년 란트슈타이너가 붉은 털 원숭이(Rhesus monkey)의 피와 섞어서 피가 뭉치는지 안 뭉치는지를 보고 나눈 혈액형이야. 뭉치는 피를 가진 사람은 붉은 털 원숭이와 같은 항원을 가져서 항체와 반응한 거야. 그래서 Rhesus monkey의 머리글자를 따 Rh+형이라 했지. 뭉치지 않은 사람은 항원이 없는 사람이니까 Rh-라 하여 구분했어. 우리나라 사람들 중 Rh- 혈액형인 사람은 5% 정도에 불과해서 수혈할 때 어려움을 겪을 수 있단다.

와글와글 핏속에 뭐가 들었지?

오늘 여행도 재미있었니? 피가 생각보다 복잡하지? 보기에는 그냥 빨간 액체인데 말이야.

"그럼, 이제 핏속에 있는 세포들은 다 만난 거죠?"

아니야. 핏속에 사는 가족은 적혈구나 백혈구 말고도 또 있단다. 정말 대가족이지?

"정말요? 또 누가 있는데요? 보나보나 박사님, 빨리 알려 주세요. 어서요."

그래그래. 알았어. 이제 겨우 여행에서 돌아왔는데 좀 쉬면 안 될까? 나는 너희처럼 팔팔하지가 않다고.

"안 돼요. 궁금하잖아요. 후딱 일어나시라고요!"

끙! 할 수 없지. 궁금한 건 좋은 일이니까 말이야. 알았다. 이왕 가르쳐 주는 거 확실하게 알려 주지. 말로 듣는 것보다 눈으로 보는 게 확실하잖니. 손들 꼭 잡아. 핏속으로 들어갈 테니까.

자, 다 왔다. 따뜻하지? 피는 우리 몸처럼 따뜻해. 물론 뱀이나 악어 같은 냉혈동물은 조금 차갑기는 하지만 말이야.

피는 물 같은 혈장에 피 세포들이 둥둥 떠다니는 거야. 우리 몸이 늘 따뜻한 것도 혈장 덕분이지. 혈장에는 피 세포 말고 몸에 필요한 영양분이 들어 있어.

이제 눈을 크게 뜨고 주위를 살펴보렴. 뭐가 보이니?

"저기요. 빨간 게 적혈구지요?"

맞아. 적혈구야. 핏속에는 적혈구가 가장 많지.

"그런데 공처럼 보이지는 않는데요? 레벤후크가 빨간 공처럼 생겼다고 했잖아요."

그랬지 레벤후크는 공이라고 했지. 하지만 그건 틀린 거야. 적혈구는 빨간 원반처럼 생겼어. 가운데가 움푹 파여서 어떻게 보면 꼭 도넛 같지? 아~ 배고프다. 그러고 보니 점심도 제대로 못 먹었잖아? 아무튼, 적혈구는 무슨 일을 한다고 했지?

"산소를 날라요."

맞았어. 잘 알고 있구나. 적혈구 안에는 헤모글로빈이라는 붉은색

단백질이 들어 있어. 헤모글로빈에는 산소와 이산화탄소를 담는 바구니가 있단다. 그런데 산소랑 이산화탄소는 사이가 별로 안 좋아. 게다가 바구니는 둘 다 담을 만큼 크지 않단다. 그러니 산소가 들어 있으면 이산화탄소는 들어가지 못하지. 반대로 이산화탄소가 있을 때는 산소가 들어가지 못해. 그래서 적혈구는 폐에서 산소를 잔뜩 담아 가지고는 이산화탄소가 많은 곳에 가서 산소와 이산화탄소를 바꿔 담아. 우리 몸은 산소가 늘 필요하거든. 그러니 산소를 담은 적혈구를 목이 빠지게 기다렸다 냉큼 산소를 가져가는 거야.

그리고 이렇게 적혈구의 바구니에서 산소와 이산화탄소를 바꿔 담는 걸 바로 호흡이라고 해. 숨을 쉬는 거지.

"그렇군요. 어쩐지 적혈구들이 굉장히 바빠 보이더라고요. 바쁘게 왔다 갔다 정신이 하나도 없어 보여요. 그런데 저기 한 개 두 개씩 섞인 하얀색 세포는 뭐예요?"

글쎄 뭘까? 잘 생각해 봐. 이미 알고 있는 건데.

"호, 혹시 쟤들이 백혈구인가요?"

딩동댕! 맞았어. 쟤들이 바로 백혈구야.

"백혈구는 덩치가 엄청 크네요?"

그래. 백혈구는 적혈구보다 수는 적지만 덩치가 아주 커. 게다가 적혈구에 없는 핵이 있어. 그래서 가운데가 불룩하지. 백혈구를 가만

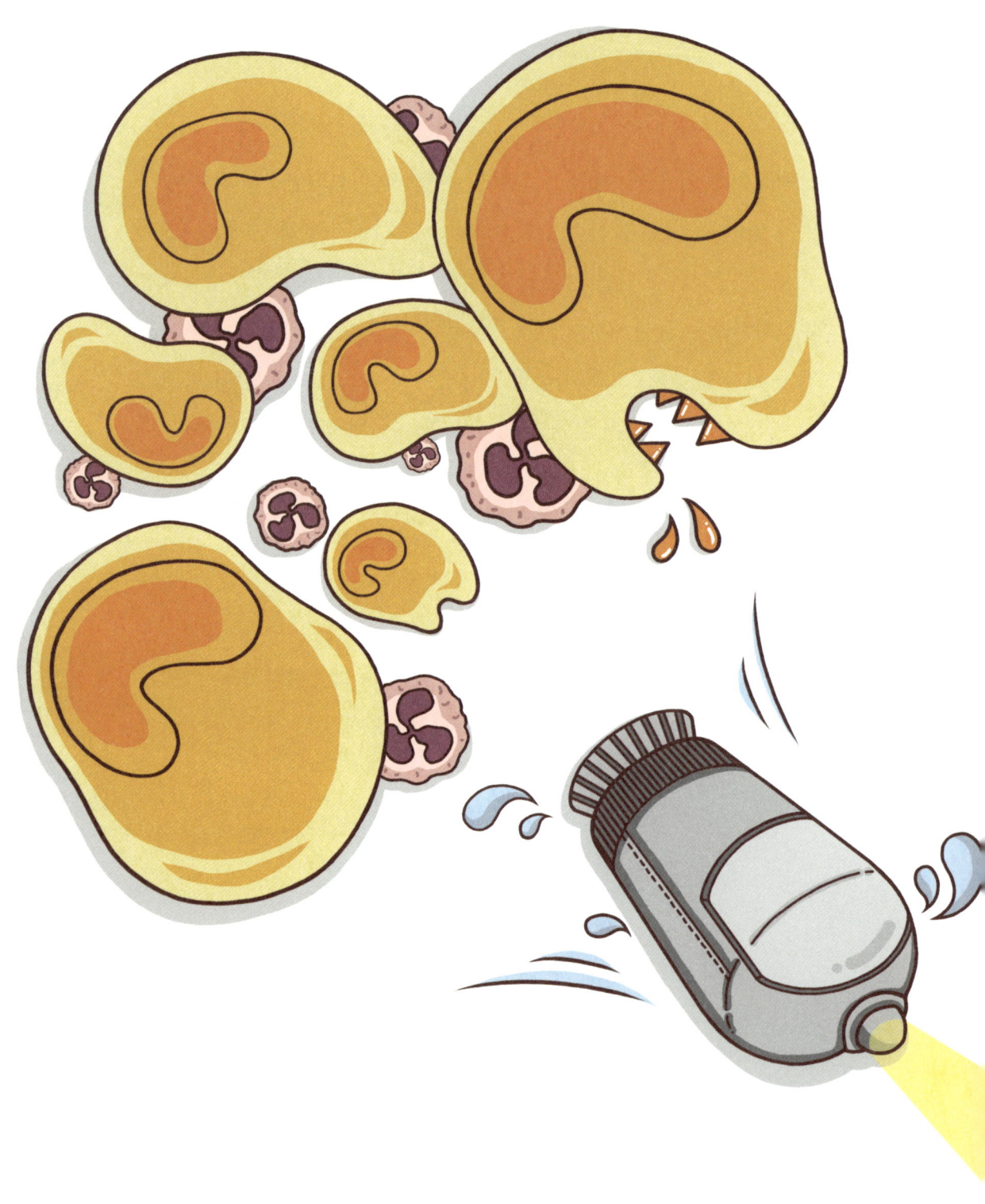

히 봐봐. 핵 주위에 조그만 알갱이 보이니?

"아~ 쟤는 정말 작은 알갱이가 가득 들어 있네요? 어? 그런데 박사님, 저기 있는 백혈구에는 핵밖에 없어요. 아무리 봐도 작은 알갱이는 없어요. 어디 아픈가 봐요."

아니야. 아픈 게 아니야. 그 아이는 알갱이가 없는 백혈구야. 알갱이가 없어서 무과립백혈구라고 부른단다.

"그럼 알갱이가 있는 백혈구는요?"

그야, 과립백혈구라고 하지. 과립백혈구랑 무과립백혈구는 하는 일도 다르단다. 조금 어렵지?

"박사님! 저 백혈구가 자꾸 우리를 쫓아와요! 설마 우리를 잡아먹으려는 건 아니겠죠?"

왜 아니겠니. 맞아. 얼른 도망가자꾸나. 저 녀석이 바로 메치니코프가 말한 대식세포야. 원래는 무과립백혈구인 단핵구인데, 병균이 몸에 들어오면 대식세포로 변하는 거야.

"그럼, 우리를 잡으러 오는 게 맞네요!"

어서 도망가자. 이대로 있으면 대식세포가 우리를 잡아먹을 거야. 세포로 우리를 감싼 다음 꿀꺽 삼켜서는 녹여 버린다고. 빨리빨리 뛰어! 잡히면 큰일이야.

아이고. 헥헥. 보나보나 박사 죽는다. 너희는 괜찮니? 어디 보자.

쫓아오는 대식세포 없지? 다행이네.

"헥헥헥. 백혈구는 무지 무서운 애들이네요."

그렇지? 하지만 우리는 백혈구한테 고마워해야 해. 백혈구가 병을 막아 주니 말이야. 만약 백혈구가 없었다면 어떻게 됐을까? 아마 우리는 금방 병에 걸려 죽게 될 거야.

"박사님, 저기요. 박사님."

하지만 백혈구가 너무 많아도 문제란다. 바로 백혈병 때문이지.

"보나보나 박사님!"

왜 자꾸만 불러? 설명하는 데 헛갈리잖아.

"저기 있는 백혈구들 좀 보세요. 꼭 우주선 같아요."

어? 뭐라고? 어디어디. 아! 림프구구나. 저건 T림프구랑 B림프구야.

"그런데 뭔가를 서로 주고받는 것 같아요."

눈도 좋네. 어쩜 그렇게 잘 봤니? 맞아. T림프구가 B림프구한테 병균의 생김새를 알려 주는 거야. 봐! 작은 조각을 쑥 내밀지? 저게 병

> **백혈병** | 피의 암으로도 불리는 백혈병은 아직 성숙하지 못한 백혈구가 비정상적으로 늘어나는 병이란다. 적혈구 수도 줄어들어서 피가 회적색으로 보여. 아직 병을 뿌리 뽑을 치료법이 없어 아주 위험한 병이기도 해.

균 조각이란다. 그걸 B림프구가 더듬더듬 만지지? 조금 있어 봐. 재미있는 일이 벌어질 테니.

"우와! B림프구에서 뭐가 막 뿜어져 나와요. 저게 뭐예요?"

저게 에를리히가 말한 항체란다. T림프구한테 받은 정보로 병균에 딱 맞는 항체를 만들어 낸 거야. 어라? 항체가 우리한테도 달려오네.

"어떻게 해요. 박사님 도망가요."

괜찮아. 조금 귀찮긴 하겠지만 우리한테는 해를 입히지 않아. 항체는 각 병균에 딱 맞게 만들어졌거든. 하지만 T림프구는 피하는 게 좋겠다. 자칫하다 병균으로 오해받을라.

이제 다른 곳으로 가 볼까? 아직 만나지 못한 녀석이 있거든. 막내인 혈소판이야. 혈소판은 크기가 아주 작아서 만나기가 어렵단다.

"그럼 오늘 못 만날 수도 있어요?"

아니야. 혈소판이 많이 모이는 곳을 알고 있거든. 혈소판은 혈관에 상처가 난 곳에 모여든단다. 저기 봐. 작고 삐죽빼죽 요상하게 생긴 게 보이지? 그게 바로 혈소판이야. 상처 난 곳을 막아서 더는 피가 나지 않게 하지. 너희 놀다가 무릎이 까진 적 있지?
　"네, 피가 줄줄 났다니까요."
　쯧쯧. 아팠겠구나. 그런데 피가 계속 나던? 아니지? 상처가 심하지 않으면 피는 조금 나다 멈춘단다. 상처를 잘 보면 상처 위에 피가 굳어서 피딱지가 앉았을 거야. 그게 바로 혈소판 덩어리란다. 혈소판이 혈

액을 굳게 하는 혈액 응고 물질이랑 만나서 피딱지를 만드는 거야. 그래서 풀처럼 상처를 꽉 막아 버리는 거지.

혈소판이 멀쩡해도 혈액 응고 물질이 없으면 피가 굳지 않는단다. 혈액 응고 물질은 13개나 되는데 그 가운데 하나라도 부족하면 피가 멈추지 않아. 피가 멈추지 않는 병을 혈우병이라고 해.

이제 피의 가족을 모두 만났으니 연구소로 돌아갈까? 아까부터 백혈구들이 자꾸 힐끗힐끗 우리를 쳐다보는 게 기분이 안 좋다. 손들 꽉 잡으렴.

모두들 무사하니? 보나보나 연구소로 돌아오니 마음이 놓이는구나. 너희랑 여행을 다니려면 운동을 열심히 해야겠다. 이 보나보나 박사는 몇천 년이나 되는 시간을 콩닥콩닥 뛰어다니기에 몸이 너무 약해.

지난 삼 일 동안의 여정 재미있었니? 피의 비밀을 찾으러 무려 12명이나 되는 과학자들을 만났잖아. 위대한 갈레노스, 아리스토텔레스, 엠페도클레스, 히포크라테스, 무덤을 헤매던 베살리우스, 불쌍한 세르베투스, 똑똑한 하비, 개구리를 좋아하는 말피기, 현미경을 사랑하는 레벤후크, 마음 약한 메치니코프와 당찬 에를리히, 그리고 끈질긴 란트슈타이너까지. 정말 많이도 만났다. 그치? 모두모두 살던 시기도 다르고 태어난 나라나 생김새, 성격도 제각각이었어. 하지만 포기하지 않고 열심히 연구하는 것만은 똑같았어. 덕분에 피의 비밀을 많이 풀 수 있었지. 하지만 비밀이 모두 풀린 건 아니란다. 아직도 꼭꼭 숨겨진 비밀이 산더미 같단다. 귀를 기울여 보렴. 소곤소곤 숨죽이고 있는 비밀들의 목소리가 들리는 것 같지?

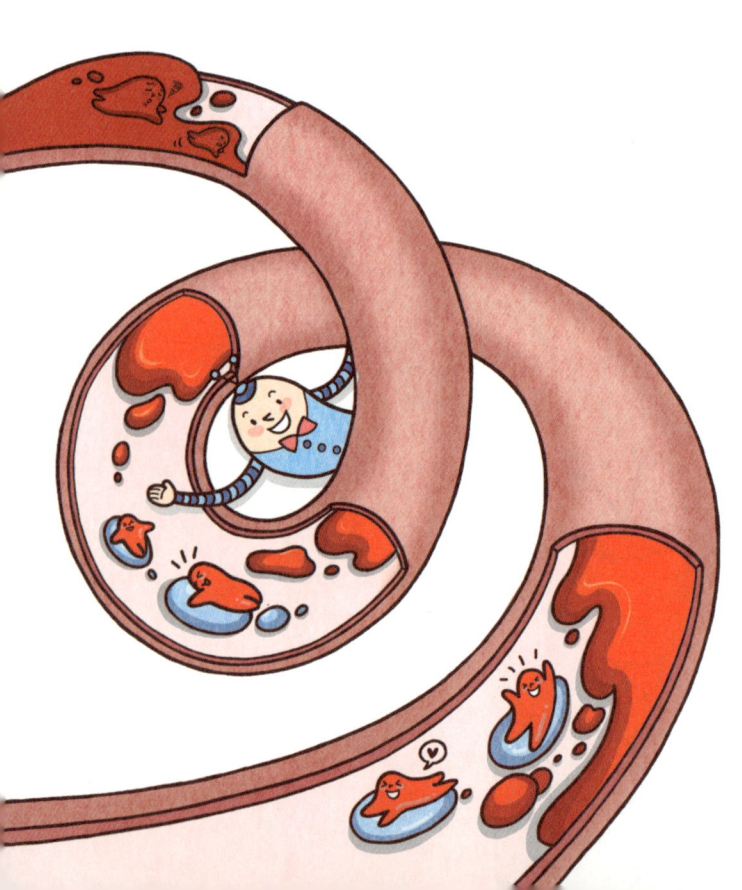